AF242847

GONGAGUE-PRIVAT

GONZAGUE-PRIVAT

L'ÉQUIPAGE

DE

LA "ROSETTE"

OUVRAGE ILLUSTRÉ DE 90 GRAVURES

PAR ALFRED PARIS

PARIS

LIBRAIRIE HACHETTE ET Cie

79, BOULEVARD SAINT-GERMAIN, 79

L'ÉQUIPAGE

DE

LA "ROSETTE"

GONZAGUE-PRIVAT

L'ÉQUIPAGE

DE

LA "ROSETTE"

ÉPISODES DE LA GUERRE FRANCO-ANGLAISE
(1793-1802)

D'après le manuscrit rédigé en 1805 par Jean de la Tour, grand-père de l'Auteur

OUVRAGE ILLUSTRÉ DE 90 GRAVURES
PAR ALFRED PARIS

PARIS

LIBRAIRIE HACHETTE ET Cie

79, BOULEVARD SAINT-GERMAIN, 79

1900

A MON FILS

PIERRE GONZAGUE-PRIVAT

Je dédie ce livre où l'histoire tient plus de place que le roman

I

DÉCOUVERTE IMPRÉVUE

La grande route de Bourgogne qui reliait autrefois Paris aux provinces du centre et à celles du midi était assurément une des plus belles et des plus fréquentées de France, jusqu'à la fin du siècle dernier : elle reste encore une des plus larges et des mieux entretenues de notre pays. Franchissant la Seine à Valvins, elle vient couper au nord la forêt de Fontainebleau, laissant à sa droite Sannois, Bois-le-Roi et la pittoresque plaine de « Sermaise » ; pour longer à gauche « la plaine des Écouettes » étendue au pied de la « butte Saint-Louis » ; border de sa grise poussière « les Vieux Rayons » et « la Glandée » et se croiser un peu plus loin avec le chemin de Melun à Chailly, gros bourg de tous temps réputé pour ses fermes opulentes.

Des deux côtés de la route, s'élèvent des remparts de verdure où s'enchevêtrent ronces et lianes aux feuilles violacées; des archipels de roches grises, mouchetées de l'or des lichens et de l'émeraude de tous les parasites ; des grès rugueux, paraissant flotter sur l'océan paisible des fougères onduleuses sous la brise, vertes et transparentes comme les flots de la mer.

A chaque pas, c'est une séduction nouvelle : perspective imprévue, site charmant subitement ouvert aux baies d'un carrefour caché naguère sous le frissonnant rideau des chênes, plainte mélancolique pleurant dans l'espace, vision rapide d'une biche épeurée fuyant sous la futaie, l'éclair doux et vif d'un rayon de soleil baignant de sa flamme la fragile dentelle des cépées, bruits, lueurs, parfums indéfinissables, sensations exquises et reposantes qui vous enveloppent, vous imbibent, vous pénètrent de toutes les beautés, de tous les mystères de la noble forêt.

A quel genre de voyageurs appartenait-il, ce jeune garçon qui, à deux heures de l'après-midi le 12 du mois d'août de l'an 1793 arpentait d'une allure déjà lasse le pavé de Bourgogne? Il sifflotait du bout des lèvres, comme pour scander la cadence de son pas, la marche du régiment de Grassin, très à la mode à cette époque et cheminait, un petit paquet sur le dos, bâton en main, tout au ras des arbres dans l'étroit ourlet de leur ombre, pour se donner au moins l'illusion d'un peu de fraîcheur. Un fils d'artisan sans doute ou de très petits bourgeois. Quinze ans à peu près ce frêle garçon, souple, leste et enchanté de son voyage sans nul doute, car malgré sa fatigue, il sautait gaillardement le fossé, quand le sous-bois devenait abordable. L'air éventé de l'enfant, sa spirituelle frimousse éclairée par de jolis yeux bruns, sa bouche ouverte pour le rire, son nez aux ailes mobiles, son regard résolu le faisaient citoyen de Paris, tout aussi bien que sa veste de bouracan sa culotte

ADRIEN VIRAUX EMBRASSA L'ENFANT.

de camelot et ses guêtres de ratine, costume habituel des apprentis de la grande ville. Parvenu à « l'Épine foreuse », le jeune voyageur, qui, déjà, pouvait apercevoir au-dessus des bas taillis la plaine de Villiers-en-Bière, se laissa choir tout à fait las, auprès d'une touffe de genêts.

« Allons, murmura-t-il en s'allongeant voluptueusement sur l'herbe fraîche, un peu de repos maintenant, je l'ai bien gagné ! »

Et il ferma les yeux absolument décidé à ne se réveiller qu'aux premières fraîcheurs du crépuscule.

Un instant après il se relevait d'un soubresaut.

« Et Tape-à-l'Œil?... »

De ses doigts réunis devant sa bouche il tira un strident coup de sifflet. Tape-à-l'Œil accourut, la gueule refermée sur le cou d'un coq de bruyère.

« Oh, oh!... la belle chasse, mon chien ! Il s'agit maintenant de faire rôtir notre poulet sans que messieurs les gardes viennent nous déranger. Voici précisément une haute roche qui fera une excellente cuisine et un merveilleux observatoire. »

Le repas fut vite préparé et dévoré plus vite encore. Quatre heures sonnaient au clocher des Chartrettes, lorsque les deux amis rassasiés descendirent de leur salle à manger, pour s'étendre dans l'ombre du rocher. A peine avaient-ils fermé les yeux qu'une lointaine sonnaille de grelots remit sur pieds l'enfant et le chien. Le garçon remonta sur son observatoire. Sur la route, avançait lentement une énorme voiture de roulier attelée de trois superbes chevaux gris pommelés, allant précisément dans la direction de Melun, où le voyageur comptait coucher.

« Un bon dîner et un carrosse, la providence me gâte ! s'écria-t-il en reprenant joyeux sa marche du régiment de

Grassin. Tape-à-l'Œil, mon garçon, nous allons faire en calèche une entrée triomphale dans notre bonne ville de Melun. »

Soudain l'équipage s'arrêta à une vingtaine de toises.

« Bien... compris, murmura l'enfant. Je parie qu'il va faire boire ses chevaux. Juste! Le voilà qui se baisse et passe sous la charrette pour prendre son seau.... Tiens, qu'est-ce qu'il décroche là?... Comment! il repart... et au grand trot encore... et il laisse sa civière sur la route.... Ouais!... qu'est-ce que cela veut dire?... Comme il file!... Bon voyage alors!... Mais pourquoi, diable! laisse-t-il cette civière sur la grand'route? Ah! voilà l'ami Tape-à-l'Œil qui court après l'équipage. »

Pendant que le jeune garçon courait vers la civière abandonnée, le chien boitillant sur trois pattes s'empressait de le rejoindre, poussant de petites plaintes; sa poursuite n'avait pas été longue.

« Je vois avec regret, monsieur Tape-à-l'Œil, que vous avez reçu un remarquable coup de fouet. Puisse-t-il vous apprendre à ne jamais vous mêler que de vos affaires! Voyons maintenant s'il n'y a rien à ramasser dans cette épave. »

La civière était remplie de paille froissée.

En un tour de main le jeune homme fit sauter la paille.

« Oh, oh! s'exclama-t-il, la belle découverte! » Et étendant les deux bras, il retira de la civière une mignonne petite fille de deux ans environ, à moitié endormie.

« Bien le bonjour, mademoiselle..., votre cher papa a sans doute craint pour vous les cahots de sa voiture et, par tendresse, vous a gentiment déposée sur la route. C'est fort délicat de sa part. Seulement, voilà!... que va-t-on faire de vous? »

La fillette réveillée regardait curieusement l'enfant.

« Bonjour, mam'zelle Trouvée... vous ne parlez pas encore, mais vous riez comme les beaux anges que l'on voit dans les tableaux.... Comme ça, on ne saura pas votre nom, ni d'où vous venez, ni où vous allez. C'est vexant... parole!... Eh bien, un nom, je vais vous en donner un, moi, en attendant que je découvre le vôtre, si j'y arrive jamais. En souvenir du lieu de notre rencontre, je vous appelle Mlle de la Mare. Vous voici forcée d'aller à petites journées à Paris en compagnie et dans les bras de M. Adrien Viraux qui n'est autre que moi-même, votre très humble serviteur, que je vous présente. »

Et, très satisfait de son petit discours, M. Adrien Viraux. qui n'avait nul besoin d'interlocuteur, on a pu s'en apercevoir, pour donner carrière à sa verve, embrassa l'enfantelet sur les deux joues et le posa au pied d'un genévrier.

« A Paris..., c'est vite dit et vite fait... mais..., murmura le voyageur, que ferai-je de toi, pauvre petite... où te mener?... A l'hôpital!... Ah! ma foi, non!... pas l'hôpital!... Je t'adopte; je te rendrai, petite fille, ce que m'avait donné mon pauvre père Lobjois, beaucoup de tendresse et un peu de pain. Dieu merci! je ne suis pas embarrassé pour gagner ma vie... notre vie maintenant.

« A présent, s'écria-t-il en se relevant, il s'agit de n'être pas bête! »

II

LA FORÊT ENCHANTÉE

Pour ne point agir comme un sot, Adrien n'avait pas besoin de réfléchir longuement. La vie, une bien courte vie cependant, lui avait, selon toute vraisemblance, fourni de nombreuses occasions d'agir vite.

Trois heures de jour lui restaient encore pour gagner le premier village, c'était trois fois tout autant qu'il lui en fallait. Que devait-il décider? La circonstance n'était pas ordinaire.

« Mademoiselle, fit-il après avoir à peu près vidé la civière, vos bons parents ne me paraissent pas s'être grandement inquiétés de votre layette.... Pas le moindre petit paquet de hardes. Vos bons parents ont sans doute compté sur moi pour vous habiller de neuf... c'est flatteur, mais un peu embarrassant pour le moment. »

Puisque la civière ne donnait ni renseignements, ni habits,

il était inutile de s'attarder plus longtemps en forêt. Adrien ramassa donc son bâton, siffla Tape-à-l'Œil, reparti en maraude depuis quelques instants, prit dans ses bras la fillette et gagna un sentier qui longeait d'assez près la route pavée.

Il allait à bonne allure, rêvant et méditant sur cette étrange aventure, jetant de temps à autre un regard attendri sur l'innocent visage de l'enfantelet endormi entre ses bras. Le soleil coulait de longs rayons entre les branches, la chaleur ne diminuait que bien faiblement encore, la plaine allait apparaître bientôt. Adrien, très las, laissa tomber son bâton à terre, Tape-à-l'Œil se coucha auprès, et le jeune père de famille s'assit tout songeur à côté de son chien.

« Tarare! grogna-t-il, un peu déconcerté par ses réflexions, ce n'est pas tout rose de vouloir faire le bien. »

Pour la mettre à l'abri des mouches qui voletaient sous la hêtraie, Adrien, en bon père nourricier, se mit en devoir de dénouer le fichu croisé sur la poitrine de l'enfant, et en ramena un coin sur son visage. Sa main en dégageant l'étoffe sentit quelque chose de plus ferme que la laine et le fin linon qui entouraient son petit corps fluet.

« Tiens!.. qu'est-ce que cela?... Oh! oh! s'écria-t-il joyeusement, un portefeuille attaché autour de la belle. Nous allons sans doute apprendre du nouveau. »

Le jeune homme ouvrit le portefeuille. Dans une des poches se trouvait un petit paquet soigneusement fait qu'Adrien eut tôt déplié. Il contenait cinq doubles louis à l'effigie du roi Louis XV. Adrien les empocha.

« Voilà qui n'est pas si désagréable! » pensa Adrien. Nous avons le temps de voir venir avec pareille fortune.

Une seconde poche renfermait un papier plié en quatre. Adrien l'ouvrit et le lut : « *A Messieurs John Davis et Co., ban-*

quiers à Portsmouth, Angleterre. Veuillez payer à présentation au porteur la somme de vingt-cinq mille livres en compte. Signé : John Davis et Co. »

« Un monsieur qui se donne à lui-même l'ordre de payer vingt-cinq mille livres doit être une bonne paye, se dit Adrien ; quel drôle de rêve je fais, moi !

« Voyons, portefeuille de mon cœur, fit Adrien, quelle surprise me réserves-tu encore ?... Ah !... ah !... une lettre, et cachetée encore. Voyons l'adresse : *A celui ou celle qui trouvera ce papier et ce qui l'accompagne....*

« Voilà un gaillard qui n'aime pas à se compromettre. *Ce qui l'accompagne,* c'est toi, ma pupille. Donc le destinataire est le citoyen Adrien Viraux ex-apprenti gainier rue des Jardins-Saint-Paul, actuellement venant de Dijon et se rendant derechef à Paris, qu'il espérait bien ne plus revoir, acheva-t-il avec un long soupir.

« Voyons ce que dit cette lettre.... Allons... tout beau, Tape-à-l'Œil !... Qu'a-t-il donc à aboyer, cet animal-là ?... Veux-tu te taire, imbécile ! »

Tape-à-l'Œil au lieu de se taire jappa plus fort, puis soudain, s'étant jeté du côté de son maître qu'il culbuta tant son saut fut rapide et vif, il s'élança comme s'il voulait s'envoler. Adrien sentit que quelque chose d'énorme passait au-dessus de lui et quand il se releva tout ahuri de sa chute, avec la vague sensation qu'il venait d'échapper à un grand danger, il aperçut à quelques pas de lui un cheval gris abattu se débattant follement sous la morsure de Tape-à-l'Œil qui lui avait sauté à la gorge, et roulait avec lui sur l'herbe.

« Décidément, pensa Adrien, je suis dans la forêt enchantée... une fillette, cinq doubles louis, vingt-cinq mille livres et un cheval. »

Le cheval suffoquait sous la dent du chien.

« Brute! gronda Adrien, tu ne vas pas abîmer notre cavalerie maintenant.... Tout beau! Tape-à-l'Œil, m'entends-tu, gredin!... »

Le chien consentit à desserrer les mâchoires. Il était temps, le cheval râlait. Adrien flatta de la main la pauvre bête, qui s'était vite remise sur pied. Il l'attacha à un arbre en réunissant bout à bout les deux étrivières devenues ainsi une longe de suffisante longueur.

Tape-à-l'Œil regardait le cheval comme surpris de le voir si calme. Tout à coup, le chien furetant à droite, à gauche, mit le nez à terre et s'enleva au petit trot....

« Suis-je bête!... et le cavalier?... Tape-à-l'Œil prend la piste.... Qu'allons-nous voir maintenant?.., »

Adrien partit à la suite de son chien, non sans avoir prudemment serré dans une poche de sa culotte le portefeuille et son précieux contenu.

Les foulées du cheval qui venait de désarçonner son cavalier restèrent visibles — même pour un observateur moins perspicace que notre aventureux ami — tant qu'il suivit, et de bien près, Tape-à-l'Œil sous bois; mais une fois parvenu en deçà de la « Mare aux Évées », entre les « Marchaux » et les « Billebauts », où de rares chênes émergeaient des fougères, les traces cessèrent d'être aussi apparentes. Fort heureusement, le chien mieux doué que son maître n'avait nul besoin du secours des yeux. Son flair était guide plus sûr. Adrien suivit donc son compagnon en toute tranquillité.

Ils marchèrent ainsi, l'un précédant l'autre, pendant une petite lieue. La forêt devenait moins sombre, depuis un gros quart d'heure. Par delà les ondulations des coteaux, Adrien voyait se profiler sur le ciel où s'épandaient les pourpres du crépuscule, les villages de Chailly, de Perthes et de Villiers dont les clochers vigilants égrenaient l'angelus, comme une semence de paix sur les laborieuses campagnes. Çà et là, un chêne énorme, une cépée de bouleaux aux feuillages palpitants et légers comme une envolée de fils de la Vierge, arrêtée dans sa course par la pointe des roches. Sur le vert profond de la plaine, les bruyères bouquetées dominaient de leurs délicates fleurs violettes l'éclatante fanfare des genêts éblouissants, dont l'or vif reliait les infinies douceurs du paysage terrestre aux colossales architectures des nuages sanglants. Au ciel, douce et limpide la lune montait, précédée dans sa nocturne veille, par la charmante étoile du berger, soudainement allumée au-dessus du soleil couchant.

Adrien n'était pas dans des dispositions d'esprit à admirer les beautés non pareilles de ce paysage. Il allait donc tête baissée, lancé sur la piste, lorsque après avoir quitté la bruyère pour traverser une lande sablonneuse, il aperçut son guide arrêté au pied d'un amas de roches. Le regard fixe, le cou tendu les deux jambes de devant allongées, la queue en arrêt, Tape-à-l'Œil ne bougeait pas.

Devant lui, en travers de la sente, un corps gisait étendu. C'était celui d'un jeune homme pouvant avoir dix-huit ou vingt ans. Sa mise?... celle d'un homme de condition : redingote de voyage en drap de Flandre à triple collet, culotte de peau de daim mi-couverte par d'élégantes bottes à l'anglaise. La tête restait encore coiffée d'un tricorne de feutre galonné d'argent bien démodé en ce temps-là, ce qui permit à Adrien de conclure aussitôt que ce pauvre jeune homme était à n'en pas douter un provincial peu au courant des choses du bel air de messieurs les muscadins.

Un rapide examen permit à Adrien de se rendre compte que

si le malheureux paraissait assez mal en point par sa chute, il vivait du moins encore. Il approcha son oreille de sa bouche. La respiration très faible, quoique un peu haletante, n'indiquait pas, même pour un observateur sans grande expérience, de sérieux désordres.

« Voyons, monsieur, fit Adrien à mi-voix, un brin de courage, remettez-vous. »

Le blessé ne bougea pas.

« Je ne puis cependant le laisser là évanoui, murmura le jeune garçon.... Diable!... et ma fillette qui m'attend sous bois.... Dépêchons-lui Tape-à-l'Œil, sa protection vaut encore mieux que la mienne. »

Mis sur la piste, le chien s'élança comme un trait.

Adrien demeurait perplexe devant ce pauvre corps étendu sans mouvement. En essayant de le soulever par les épaules pour l'adosser contre un arbre, il sentit sous sa main l'ardillon d'une courroie à laquelle pendait une gourde. Elle était encore à moitié pleine d'eau-de-vie. Adrien fit glisser quelques gouttes du cordial entre les dents du blessé.

Une violente toux secoua tout aussitôt le corps du cavalier qui ouvrit des yeux mornes et effarés.

Adrien profita de ce demi-réveil pour soulever tout à fait le patient et l'asseoir en l'adossant à un chêne.

« Mille pardons d'étrangler ainsi votre excellence, mon jeune monsieur.... Vous sentez-vous mieux? Tenez... buvez encore un bon coup... et pas de travers si vous pouvez.... Là! c'est parfait. Voici vos couleurs qui reviennent.

— Où suis-je? demanda le blessé d'une voix de rêve.

— Dans la forêt de Fontainebleau, mon gentilhomme, ou citoyen si ce mot vous est plus agréable à entendre, sous la haute protection d'un jeune père de famille, le nommé Adrien

Viraux, gainier de son état et ex-apprenti de feu M. Lobjois de son vivant fournisseur ordinaire de M. le comte de Provence pour les médailles et de M. le comte d'Artois pour les couteaux de chasse. Voulez-vous essayer de vous lever? Vous le voulez?... parfait! On va vous aider un tantinet.... C'est au mieux;... repliez la jambe gauche, la droite à présent.... Admirable! Avec un peu d'aide, vous allez vous retrouver debout comme un grand garçon. Ho, hisse! serrez ferme, passez le bras autour de mon cou.... Vous tenez bon.... Là, ça y est. »

Le blessé éprouva encore un vague éblouissement, mais ce fut une sensation de courte durée. Ses premières paroles furent pour remercier Adrien qui assura son nouveau camarade de route que Tape-à-l'Œil seul méritait une réelle gratitude.

« Ce M. Tape-à-l'Œil est sans doute un de vos parents? repartit le cavalier s'appuyant sur le bras d'Adrien pour marcher.

— Non, mon ami seulement; cependant nous nous ressemblons par certaines particularités physiques. Ainsi, comme vous pouvez le remarquer, j'ai le nez légèrement en trompette, Tape-à-l'Œil, c'est la queue.

— Un chien, Tape-à-l'Œil?

— Et un fameux.

— Allons! Vous m'avez rendu un fier service, mon joyeux garçon, car du diable si demain matin, il serait resté autre chose de moi qu'un tricorne et un lambeau de redingote sur le sable de la sente. La forêt est, paraît-il, infestée de plus de loups que notre Normandie, ce qui n'est pas peu dire.

— Vous êtes Normand?

— Bas-Normand, donc ce qu'il y a de plus Normand. Mon nom est Jean de Latour; mon village Sainte-Mère-Église, près de Cherbourg.

— Et sans indiscrétion, par quel hasard vous voit-on étendu sur l'échine en pleine forêt de Fontainebleau, si loin de votre pays natal?

— Affaire de commerce, mon jeune ami. Par le temps qui court, il faut se fier surtout à soi-même, principalement quand il s'agit de fortes sommes à recevoir ou à donner.

— Et vous retournez en Normandie?

— Grâce à vous, je vais pouvoir le faire et coucher ce soir à Melun où je comptais d'ailleurs faire ma nuitée, avant que ce diable de Télémaque ne m'ait jeté à terre. »

Le cavalier désarçonné s'était remis sur pied. Adrien en quelques enjambées retourna trouver Tape-à-l'Œil qui montait la garde devant Mlle de la Mare.

Quand il revint avec la fillette dans ses bras, Jean de Latour bridait sa monture, prêt au départ.

« Alors, c'est décidé, dit l'enfant, nous couchons à Melun?

— Si vous n'y voyez pas d'inconvénient.

— Suis-je fou, fit Adrien en hochant la tête, je dis nous comme si vous étiez condamné à rester avec moi. Je vous demande pardon de mon indiscrétion, monsieur.

— Comment? répondit vivement Jean, j'espère bien que nous ne nous quitterons pas, au moins jusqu'à Paris. Vous y êtes né, je n'y suis jamais venu, vous me guiderez dans votre grande ville, et si vous êtes d'humeur voyageuse, la maison de mon père vous est ouverte, car vous m'avez sauvé la vie, quoi qu'en disent vos signes de tête. Et maintenant, en route! Télémaque est assez solide pour nous porter tous deux. Passez-moi cette belle petite fille, et sautez en croupe. Dans trois quarts d'heure au plus, nous serons installés dans l'auberge du Cheval-Blanc où nous ferons honneur au dîner; en tous cas, je réponds de mon appétit.

— Moi, je ne réponds pas du mien si je lui rends la bride, répliqua Adrien en se calant de son mieux sur la croupe de Télémaque; qui sait à quels excès peut se porter un appétit comme celui dont je dispose deux fois par jour. »

Télémaque, malgré sa double charge, partit à un bon trot d'amble, doux et berceur comme un balancement; précédé de Tape-à-l'Œil qui pour charmer les loisirs de la promenade donnait une chasse vigoureuse aux petits lapins que la fraîcheur du soir décidait à sortir de leurs terriers.

Une demi-heure après les quatre voyageurs arrivaient en vue de Melun et la sixième heure achevait de sonner quand la servante du Cheval-Blanc apporta sur une table, déjà flanquée de deux pichets de cidre et d'une bouteille de Bourgogne, une massive soupière fumante dont le succulent arôme chatouilla très agréablement le triple nez de Jean, d'Adrien et de Tape-à-l'Œil.

Mlle de la Mare, gravement assise sur un siège plus élevé refusa avec énergie le bol de lait qu'on voulait à toute force lui faire boire et tendit vers la soupière ses petites mains qui cessèrent de s'agiter, quand la cuiller à pot eut versé dans son écuelle de faïence de Gien une copieuse platée de choux et de pommes de terre.

III

UNE BONNE PISTE

« Elle est absolument extraordinaire, l'histoire de votre fillette, mon cher Adrien, s'écria Jean, un vrai roman. Encore une fois, à votre santé ce dernier verre et lisez-moi tout haut cette fameuse lettre. Je comprends infiniment mieux les mots quand ils m'arrivent par les oreilles.

— Volontiers. Voici :

« *A celui ou celle qui trouvera ce papier et ce qui l'accompagne :*

pagne :

« Des circonstances auxquelles il faut céder forcent un
« inconnu à abandonner sur une grande route ce précieux
« dépôt. Inutile de chercher à connaître l'auteur de cet
« abandon. Le mystère qui l'entoure doit faire comprendre que
« toutes les précautions ont été prises. Cependant, quoiqu'il
« soit confié au hasard, celui ou celle qui le trouvera doit en

« prendre grand soin et se trouver toujours en mesure de
« le rendre à qui viendrait le réclamer.

« La somme de vingt-cinq mille livres payable chez Davis
« servira à l'entretien du dépôt. De plus, chaque année,
« deux mille livres seront comptées par la même banque à la
« personne qui en aura la garde, à la double condition qu'elle
« fasse constater de mois en mois l'existence du dépôt et *son*
« *bon état* par des personnages compétents et recomman-
« dables, et que cette constatation soit soumise à MM. Davis,
« qui à leur tour recevront en temps utile les instructions
« complémentaires indispensables. »

« Qu'en pensez-vous, Adrien? ajouta Jean en lui tendant la
lettre reployée. Il me semble que votre charretier s'entend à
merveille au petit jeu des précautions. Cette rente de deux
mille livres par an est une garantie contre la tentation, qui ne
manquerait pas de venir à un vulgaire larron, de s'emparer
des vingt-cinq mille livres et d'abandonner aussitôt l'enfant....
Vous ne m'écoutez pas, Adrien, fit Jean en s'interrompant
devant la mine réfléchie de son compagnon.

— Je me creuse l'esprit pour tenter de deviner les motifs de
cet abandon.

— Le plus simple serait alors de suivre les instructions de
ce petit papier. Cela vous sera d'autant plus facile que ce perfide billet n'exige que de bons services.

— Voilà précisément ce qui dépasse mon intelligence. Je
comprends bien qu'il y a une mauvaise action au début de
cette aventure et je ne m'explique dès lors, en aucune manière,
ce luxe de recommandations pour assurer l'existence d'un
petit être que l'on vient d'égarer sur le pavé. Il n'est guère
admissible que l'abandon ait été résolu et exécuté par les
parents. Tonnerre!.. il faut à tout prix que je retrouve ce

charretier. Il ne saurait être bien loin, puisque nous avons
suivi à peu près la même route. Gardez l'enfant, mettez le
portefeuille dans votre porte manteau et confiez-moi Télémaque.

— Faites, mon cher Adrien, et que la Providence vous
protège. Je doute fort, cependant, que vous réussissiez. »

En un rien de temps Télémaque fut sellé, et l'apprenti gainier partit au grand trot.

Adrien supputait dans son intelligente petite tête

que le charretier avait dû s'empresser de quitter la route de
Bourgogne, dès qu'une voie assez large pour permettre à son
équipage de s'y engager se présenterait à lui. Le hasard pouvait faire en effet qu'un cavalier passant devant la civière

abandonnée courût après lui pour l'avertir de sa perte. C'était
là une bien élémentaire précaution.

La nuit était venue, mais le ciel restait clair encore lorsque
cavalier, cheval et chien arrivèrent aux premières fermes de
Chailly et bientôt à l'auberge, fort connue des voyageurs et des
rouliers. Là, il pourrait peut-être se renseigner. Les deux
battants étaient déjà clos. A l'intérieur, on menait franc
tapage, et les verres s'entre-choquaient joyeusement.

Adrien appuya son talon sur le flanc du cheval qui opéra
une demi-volte de façon à permettre à son cavalier de soulever le heurtoir.

« Qui va là? » fit une voix au-dessus de sa tête. Adrien leva
le nez et aperçut à la lueur de la lune une bonne figure de servante encadrée dans l'œil-de-bœuf, percé entre les deux basses
fenêtres du premier étage.

Adrien s'enquit de l'attelage. La servante avait bien vu
passer un équipage répondant au signalement donné; mais la
pesante voiture ne s'était pas arrêtée et avait continué vers Fontainebleau.

« Allons à Fontainebleau, peut-être rejoindrai-je auparavant
mon homme » pensa Adrien.

Son attente fut déçue. Il n'avait rencontré âme qui vive, lorsqu'il aborda celui des faubourgs de la ville qui borne la forêt.

« *Auberge du Soleil d'Or*, lut l'apprenti arrêté devant une
assez grande construction. *On loge à pied et à cheval, avoine
au sac, cheval de renfort*. Renseignons-nous ici. »

Un garçon d'écurie, la tête coiffée d'un bonnet de laine
rouge, fumait sa pipe assis sur la margelle d'un puits. Voyant
le cavalier immobile sur sa selle, le rustre s'avança, le bonnet
à la main, et maintint ferme l'étrier de droite pendant que le
cavalier descendait de sa monture.

« Vite, mon garçon, une bonne bouteille de vin blanc et deux verres.

— Deux verres?

— Oui, un pour moi et un pour vous.

— Compris et grand merci, deux verres et deux bouteilles, alors.

— En voilà un qui causera facilement », pensa Adrien.

Le garçon fut promptement de retour et la première bouteille n'était pas achevée que le voyageur savait à n'en pas douter que l'équipage à la recherche duquel il était parti se trouvait dans l'auberge. Un point demeurait obscur toutefois. Le garçon d'écurie avait bien remisé, trois heures auparavant, sous un hangar, une charrette en tout semblable à celle que nous avons entrevue au commencement de ce récit; mais elle n'avait qu'une attelée de deux chevaux, — pommelés à la vérité. — harnachés tels qu'Adrien les avait aperçus sur la grand'route, pendant que le charretier décrochait la civière, mais deux... deux seulement!

« Montrez-moi la charrette », demanda Adrien.

Le garçon voulait prévenir auparavant son conducteur puisque le jeune monsieur courait après, pour lui donner de nouveaux ordres — Adrien avait trouvé ce prétexte pour motiver sa recherche; on comprend que notre ami refusa. Avant de déranger un brave homme fatigué par une longue journée de travail, il désirait, affirma-t-il, s'assurer d'abord que la charrette était bien celle qu'il cherchait.

Le garçon d'écurie prit sa lanterne et, précédant le visiteur, traversa une grande cour dont le sol était recouvert d'un épais lit de paille, ouvrit une porte à claire-voie donnant accès sur un assez long passage couvert qui conduisait aux remises, puis se glissant à travers les hautes roues d'un amoncellement

cellement de charrettes, s'arrêta devant celle qui répondait
au portrait qu'en avait tracé Adrien.

Pas de doute possible. C'était bien là l'équipage entrevu par
Adrien au moment où Mlle de la Mare restait confiée à la providence des pavés.

Adrien savait ce qu'il voulait savoir, tout au moins la première partie. La charrette était là, l'homme aussi. En pénétrant dans la salle commune, il saurait bientôt auquel des convives il devait s'intéresser plus spécialement.

Il commanda donc au garçon d'avoir grand soin de son cheval et l'accompagna à l'écurie. A gauche, entre deux bat-flancs,
les pommelés mangeaient leur provende. Rien que deux.
Cependant Adrien en avait bien vu trois; Tape-à-l'Œil alla les
flairer et poussa un sourd grognement. Ces deux bêtes-là lui
rappelaient un fâcheux souvenir! peu lui importait leur
nombre, à lui.

« Décidément, je ne me trompe pas, se dit Adrien; Tape-à-
l'Œil les a reconnus, et pour cause. »

IV

UN COUP DE FOUET ET UN COUP DE CRAVACHE

La grande salle de l'auberge du *Soleil d'Or* était, au moment où Adrien y pénétra, occupée par une quinzaine de rouliers et voyageurs marchands, — comme on en voyait beaucoup à la fin du siècle dernier — courant les routes sur leurs pataches, pèlerinant de foire en foire pour débiter les marchandises qu'ils achetaient aux fabricants au commencement de chaque saison.

La conversation allait des plus animées. Elle roulait nécessairement sur les voyages et sur les chevaux. Adrien ne prêtait qu'une médiocre attention à ces discussions entre professionnels. Mais s'il n'écoutait guère, il regardait fort en système de compensation.

Près de lui, un grand garçon d'environ vingt-cinq ans, son

long corps balancé sur sa chaise, les pieds ballants, achevait
une bouteille d'eau-de-vie de cidre, et son regard dissipé en
d'humides clignotements bientôt suivis d'un petit signe enga-
geant à l'adresse de Viraux, montrait à n'en pas douter que cet
acharné buveur eût mieux fait de ne pas effectuer un vide aussi
absolu dans le flacon. Malgré la saison, il portait un bonnet de
fourrure de renard dont la queue touffue retombait sur son
épaule, et ses cheveux, ses sourcils paraissaient encore plus
rouges que les poils de la bête. Ses petits yeux bleu faïence,
malgré la demi-ivresse où leur expression se noyait, conser-
vaient une indicible expression de ténacité méchante, un nez
énorme, avec des narines plates et comme refermées. Une
bouche rentrée, sans lèvres, coupée très loin du nez, comme
par le tranchant d'un couteau achevaient de donner à ce personnage une physionomie répugnante.

Adrien l'examinait à la dérobée et pensait à part lui qu'il ne
serait pas agréable de rencontrer un pareil sire au coin d'un
bois, lorsque son attention fut attirée par l'entrée d'un personnage nouveau dans la salle commune.

Celui-ci, un bon gros homme, d'aspect débonnaire, tout de
gris habillé, haut en couleur et rasé de frais, un bon fouet de
charretier passé en collier derrière son cou, fut salué à son
entrée par une douzaine de bonjours cordiaux qui eurent pour
effet de donner à son visage un surcroît de jovialité.

« Bonjour, bonjour, les enfants. V'là le père Jousseaume
tout prêt à vous acheter vos grains ou à vous en vendre. Hé....
Hé.... on prend d'une main, on donne de l'autre!... »

Le bonhomme alla s'asseoir en face d'Adrien Viraux.

Tape-à-l'Œil réveillé subitement fit un bond de côté et commença une suite de grondements que son maître eut grand'
peine à interrompre.

Le chien ne voulait plus se coucher à terre, malgré paroles et tapes. Le regard fixé sur le père Jousseaume, il demeurait assis à côté d'Adrien sans cesser de grogner.

« Faut croire que ma figure plaît pas à votre chien, mon garçon, dit-il d'un air bon enfant en regardant le jeune homme. Oh! faut pas vous excuser, mon gars... les bêtes, c'est comme les gens... ça a son idée et le plus malin n'y voit goutte... faut croire! »

La sourde colère témoignée par Tape-à-l'Œil à l'arrivée du père Jousseaume fit comprendre à Adrien qu'un motif sérieux de haine existait entre son chien et le nouveau venu. Tape-à-l'Œil querelleur, fantasque, capricieux! Sa vie entière témoignait contre un tel soupçon.

Donc le père Jousseaume était, ne pouvait être que le charretier de la route de Bourgogne.

« Et comme ça, vous venez de loin, jeune homme?

— De Dijon, mon cher monsieur....

— Pas de pied, je pense?

— Oh non, j'ai là aux écuries un fort bidet d'allure qui va bon train.

— Jolie bête!... à côté de mes deux pommelés, pas?

— Oui. Ils sont superbes, ces chevaux... superbes. »

Adrien examinait curieusement le visage bonnasse du charretier. Une fois de plus, Tape-à-l'Œil avait donné une preuve de son merveilleux instinct... il ne se laissait pas prendre aux airs naïfs, lui!...

« Et francs, mon garçon, francs! Pensez que voilà un équipage qui en deux traites est venu de Sens à Fontainebleau... un joli bout de ruban, comme dit l'autre.

— En effet, il me semble l'avoir rencontré cet après-midi sur la route de Bourgogne... une grande charrette, n'est-ce pas? avec une civière. La voiture toute bleue et la bâche toute verte. ..

— La couleur, c'est ça même, mais il n'y a pas de civière sous le char.

— Ah! il m'avait semblé.... Il y a des chaînes cependant pour en accrocher une.... Après tout, elle en charriait peut-être une autrefois, mais ces bagatelles-là, ça se perd souvent... sur les grandes routes.

— Parfaitement, glapit une voix gutturale, avec un fort accent anglais, à côté d'Adrien... ça se perd.... »

Adrien regarda du côté d'où partait la voix.

La voix était celle du grand jeune homme rouge à la queue de renard, qui se dandinait de plus belle, les yeux mi-clos.

« C'est un English, murmura à mi-voix à l'oreille d'Adrien le père Jousseaume. Oui, continua-t-il, c'est commode pour les surcharges, les civières, mais on ne les retrouve pas toujours à l'arrivée!

— Parfaitement, répéta le jeune homme rouge.

— Aussi, je vous assure que je ne mettrai jamais sur la paille d'une civière un objet auquel je tiendrai, foi de Jousseaume.

— Surtout un *boy*, les petits *boys*... hé! hé! comment vous disez en français?... Ah! j'y suis, les petits enfants. »

Le père Jousseaume éclata de rire.... « Un enfant là dedans! en voilà une idée!... »

Adrien ne savait plus que croire.

L'Anglais? Devait-il voir en lui un complice du rapt et de l'abandon de l'enfant ou bien un précieux auxiliaire que la Providence lui envoyait? car s'il parlait peu, et mal, il en disait long, le rougeaud!

« Maintenant, fit le père Jousseaume en s'essuyant la

bouche du revers de la main, un dernier coup d'œil aux chevaux. Hé! l'Endormi, une lanterne par ici, cria-t-il au garçon
d'écurie, et monte mon fouet dans ma chambre. Voyez-vous
mon gars, dit-il en se tournant vers Adrien, cocher ou charretier, roulier ou cavalier sans fouet, c'est comme un grenadier
de la république sans son fusil. Venez-vous t'y à l'écurie? »

Adrien suivit Jousseaume à l'écurie. Tape-à-l'Œil leur em-
boîta le pas; l'Anglais sortit derrière eux.

Pendant qu'ils traversaient la cour, le chien gambadant de
droite et de gauche se jeta dans les jambes de Jousseaume, qui
faillit tomber.

« La peste soit de toi, s'écria le gros homme en s'efforçant
de conserver son équilibre.... Tiens... on dirait qu'il s'accou-
tume à ma figure, votre chien, le v'là qui me flatte et me dit
bonjour. »

Tape-à-l'Œil paraissait en effet tout à coup oublieux de sa
rancune.

« Allons! il est plus bête que je ne croyais, pensa son
maître.

— Qu'avez-vous fait de l'autre cheval? demanda soudainement Adrien au père Jousseaume.

— Le troisième?... da! je l'ons vendu, j'en avais ben assez
de deux. Il n'y a pas seulement une heure que j'ai conclu
l'affaire. »

Le mystère achevait de s'éclaircir. Adrien avait devant lui et
le criminel et les instruments du crime.

L'Anglais venait de sortir de l'écurie tenant sa monture en
bride au moment où Jousseaume et Adrien quittaient la
remise.

« Alors comme ça, vous nous quittez, monsieur l'Anglais,
alors, bon voyage, cria Jousseaume en se dirigeant vers l'exté-

rieur de l'auberge qui conduisait aux chambres; ennemis sur mer, amis à terre.., pas?

— Bon voyage, dit aussi Adrien, un peu déconfit de voir disparaître si vite cet énigmatique personnage.

— Volez, volez vo ténir à moa l'étrier, qué jé né fasse pas tourner lé selle en montant, demanda l'Anglais déjà parvenu sur la route devant la grande porte du *Soleil d'Or*.

— Avec plaisir », répondit Adrien.

L'Anglais se mit assez légèrement en selle malgré son commencement d'ivresse manifeste.

« Je vous remercie, monsieur jeune homme, mais avant de partir, jé volé donner un bon conseil à vo... tout doucement, pour que personne ne m'entende... personne, vo entendez. »

Adrien allait-il savoir?... Il avança plus près.

« Jeune homme, ne mêlez jamais vo aux choses qui ne regardent pas vo; non goddam... pas vo!... »

Au même moment, l'Anglais cingla d'un coup de cravache le bas du visage d'Adrien.

« De la part de médème lé civière! master.... »

L'enfant porta vivement les mains à sa figure.

« Misérable, cria-t-il d'une voix suffoquée, voilà un coup que tu payeras cher.... »

Un rire lointain martelé du galop de la bête lui répondit.

Après un court moment de stupeur, le pauvre blessé atteint à la fois dans sa chair et dans son amour-propre, se précipita comme un furieux vers l'écurie. « Ah! grondait-il entre ses dents, si vite que tu coures, je finirai bien par t'atteindre.

« Debout, l'Endormi, debout, fit-il en secouant le garçon d'écurie, déjà étendu sur un amas de paille épars sous les auges inoccupées et dormant du sommeil du juste. Vite... vite

ma selle, ma bride ; tiens, voilà un écu pour toi, mais de grâce
dépêchons.... Réveille-toi, mille bleu !

— Voilà, voilà, mon gentil monsieur.... Tenez, voici déjà
votre selle sur le dos du bidet.... Jésus ! mon bon Dieu !... v'là
la sangle rompue, geignit l'Endormi ; et puis, c'est comme un

sort, vot'bride est toute tailladée comme à coups de serpe....
Si c'est pas de la pure méchanceté !... »

Un bruit de pas résonnait sur le pavé de la cour. Adrien
regarda de ce côté.

Le père Jousseaume passait un pot de grès au bout du bras.
Il alla remplir le pot à la fontaine.

L'enfant courut à lui.

« Père Jousseaume ! cria-t-il d'une voix haletante, il faut
que vous me disiez quel est ce damné Anglais. »

Et Adrien raconta la double mésaventure qu'il venait de subir.

« Là, mon garçon, tout doux, faut vous calmer.... Est-il permis d'arranger ainsi une aussi jolie figure, ajouta-t-il en bassinant avec un peu d'eau fraîche le visage d'Adrien.... Je ne le connais pas autrement, moi, cet animal d'English. Cet après-midi, il m'a offert de lui acheter sa charrette et ses deux chevaux pour pas beaucoup d'argent. Tope! que j'ai fait et puis voilà tout.... J'aurais ben gardé encore mon rouge, mais il l'a voulu.

— Vous voulez dire trois chevaux, interrompit Adrien un peu remis de son émotion.

— Mais non, mon gars, je dis deux et maintiens deux.

— Cependant, tout à l'heure, après souper, lorsque nous avons été voir les bêtes, je vous ai demandé ce que vous aviez fait de l'autre cheval, vous m'avez répondu ; je l'ai vendu.

— Bien sûr, quand je suis arrivé ici, j'étais à cheval, un joli rougeaud ma foi. C'est celui-là que j'ai vendu précisément à ce diable d'Anglais. Quoi que vous voulez que je vous dise... s'il avait trois chevaux après sa charrette, c'est qu'il en aura vendu un à un maquignon.

— Alors, continua Adrien, ce n'est pas vous qui sur les trois heures conduisiez l'attelage sur la route de Bourgogne?

— Foi d'homme, c'était pas moi, mon garçon, car à trois heures je me reposais encore chez ma fille à Saint-Mammès. L'soleil était déjà couché quand l'Anglais m'a vendu son attelage. »

Adrien avait perdu le fil de cet extraordinaire intrigue. Debout près de la fontaine, il méditait sur le meilleur parti à prendre. Tout devenait contradictoire dans les résultats de ses investigations. D'abord Tape-à-l'Œil avait semblé reconnaître son agresseur dans le père Jousseaume et maintenant ils vivaient en parfait accord. Si le vieux père Jousseaume n'était pas le conducteur de la charrette qui avait si férocement corrigé le chien, il fallait donc que ce fût l'Anglais. Or le chien était demeuré parfaitement pacifique à côté de l'insulaire. En troisième lieu, il fallait néanmoins bien voir dans le coup de cravache donné par ce sauvage à queue de renard à lui Adrien comme un involontaire aveu de l'Anglais réel auteur de l'abandon de l'enfant.

Décidément Tape-à-l'Œil ne méritait pas la bonne opinion que son maître avait eu jusque-là de son intelligence. Et le troisième cheval? Autre question sans réponse.

« Allons, mon jeune garçon, vous ne mourrez pas encore de celle-là, allez. Ohé! la fille, cria le père Jousseaume, en frappant aux volets de la cuisine, préparez un bon vin chaud avec beaucoup de sucre, de la cannelle et des girofles. Je vas vous mettre des compresses de vin chaud sur votre balafre et demain il n'y paraîtra plus, gars! Le vin chaud un peu épicé, il n'y a encore que ça pour les plaies et pour l'estomac », acheva-t-il avec un bon rire.

Lorsque les deux amis — Adrien avait perdu toute défiance à l'endroit de Jousseaume — furent assis dans la chambre du brave homme, Tape-à-l'Œil recommença à donner des signes non équivoques d'inquiétude. Le nez en l'air, comme s'il cherchait à prendre le vent, il guettait dans tous les coins. Tout à coup il recula vivement vers la chaise de son maître, regarda du côté du lit de sangle dressé au fond de la pièce, s'allongea sur le carreau le museau entre ses pattes, poussant de sourds grognements sans quitter de l'œil l'angle droit de cette partie de la chambre.

« Savez-vous, mon gars, c'est à mon fouet qu'en veut vot'

chien, ou plutôt au fouet de l'Anglais, vu que j'ai acheté son équipage fouet en main, il est là, le fouet, sous la ruelle du lit, fit le bonhomme en étendant la main.

— Ah! je comprends tout maintenant, s'écria Adrien.... Pardon, mon Tape-à-l'Œil, de t'avoir méconnu... mais sois tranquille, nous retrouverons notre coquin, ou j'y perdrai mon nom. Il a une de ces têtes qu'on n'oublie pas.

— Dame, il ne marque pas bien, comme on dit, mais moi, je n'ai rien à voir là dedans, pas vrai? S'il a volé les chevaux et la charrette, j'ai acheté de bonne foi, payé comptant en bonnes pistoles devant témoins. Et puis, vous savez mon gars, par le temps qui court où les ci-devant nobles ne savent pas si le lendemain on ne leur coupera pas le cou, on ne vendrait ni on n'achèterait rien si on se montrait trop vétilleux. Les affaires aujourd'hui ne se font plus comme dans les temps. Les uns ne jurent que par le bonnet rouge, les autres fuyent vers les frontières ou gagnent le bocage pour retrouver les armées du roi si bien que les uns vendent au galop et les autres achètent à fond de train, le temps n'est plus à personne, à cette heure. Là-dessus, allons nous coucher. Si un jour je puis vous être utile, venez à Moret trouver le père Jousseaume. »

Une demi-heure après, Adrien dormait d'un profond sommeil, sous la garde de Tape-à-l'Œil dans l'auberge du *Soleil d'Or*.

V

ADRIEN TROUVE UNE FAMILLE

Lorsque le lendemain matin l'enfant se réveilla, le brave papa Jousseaume était parti depuis deux bonnes heures.

Adrien descendit à l'écurie, décrocha la selle et la bride de son cheval, si mal accommodées par l'Anglais, et, en sa qualité de gainier, il ne fut pas embarrassé pour bien ajuster et recoudre sangle, étrivières, bride et boucleteaux.

Le soleil brillait déjà haut, lorsque Adrien enfourcha l'honnête Télémaque dont les flancs arrondis attestaient l'honneur rendu par ses jeunes dents à l'avoine du *Soleil d'Or*.

« Bredouille, ou à peu près, grommelait le pauvre cavalier en remontant le Mont Pierreux. Cette expédition m'a valu tout simplement une belle balafre.... Me voici Tape-à-l'Œil deuxième du nom... nous sommes tout pareils, mon bon chien. »

Oh! la délicieuse matinée! L'été allait prendre fin, un vilain été trempé de pluie; mais aussi, comme elle verdoyait, la forêt sans cesse rajeunie par les averses. Un vrai juin, ce mois d'août! Et cependant les fleurs d'arrière-saison luisaient déjà d'un doux éclat sous le vert bronzé des bruyères panachées de leurs roses pâles et les gerbes d'or se reflétaient dans l'eau des mares où se penchaient les hampes flexibles des roseaux. Une vapeur légère, transparente, flottait à la cime des futaies, le sommet des roches abruptes se noyait dans l'irradiation de cette lumière diffuse où déjà se percevait la frémissante dentelure mordorée des chênes épars sur le manteau des mouvantes fougères. Des hordes de lapins, des bandes de marcassins galopant éperdus, s'enfuyaient sous les hêtraies, franchissant la route d'un bond; parfois un cerf passait au bord d'une mare, broutant du bout des lèvres les ramilles épandues sur sa tête, son col gracieux mollement infléchi, ses beaux yeux noirs ingénus, mi-clos en un rêve de liberté et de bien-être.

Le jeune apprenti, tout en se laissant aller au mouvement très doux de sa monture, admirait ce merveilleux paysage. Il s'efforçait de mettre un peu d'ordre dans ses idées, de classer bien à leur place, dans sa tête, tant d'événements survenus brusquement en sa vie. Des projets?... en formait-il encore? Savait-il?... Son esprit se lassait d'interroger, ses yeux de voir, ses yeux autrement insatiables que son esprit!... Oh! cette forêt!... cette forêt enchantée! La forêt, là, sous ses yeux! et lui chevauchant son rêve, voyageant en gentilhomme, riche d'un nouvel ami et riche aussi d'une prochaine fortune!

Tout en méditant sur son nouveau sort, Adrien, au tournant de la route, vit se dresser derrière les arbres le haut clocher de Melun, et bientôt, le fleuve éblouissant sous le soleil, entre ses berges herbues. Moins d'un quart d'heure après il descendait à l'auberge où l'attendait son ami Jean, très occupé à surveiller les ébats de la petite fille courant après les poules et les canards dans la vaste cour de l'hôtellerie.

« Eh bien? fit Jean, flattant le cou de Télémaque pendant que son compagnon mettait pied à terre.

— Rien ou peu s'en faut. » Le petit Parisien raconta alors par le menu l'emploi de son temps.

« Vous avez tort de dire : Rien. A mon avis, vous connaissez une partie de ce que vous désiriez savoir. Il reste acquis que l'Anglais a fait le coup. Vous n'avez pas perdu votre temps et je vous félicite de la sagacité dont vous avez fait preuve. Gagner Portsmouth n'est pas impossible, malgré la guerre entre la France et l'Angleterre, puisque vous voyez cette brute circuler librement chez nous. Je conclus que le mieux à faire est de m'accompagner à Cherbourg; vous laisserez votre fillette chez mon père; mes sœurs en prendront soin pendant que vous gagnerez Portsmouth. Je vous mets au défi de trouver un plan plus sage. C'est entendu, vous venez avec moi. »

Les deux jeunes voyageurs mirent une dizaine de jours à faire le voyage de Paris à Cherbourg. Ils allaient par petites étapes pour ne point fatiguer Télémaque, lui accordant une pleine nuit de repos lorsqu'ils s'arrêtaient dans une ville importante.

M. de La Tour, le père de Jean, fit à Adrien le meilleur accueil. Ce petit Parisien avisé lui plut tout d'abord. Il le remercia chaleureusement du secours qu'il avait apporté à son fils et s'intéressa de tout cœur au sort de la pauvre petite abandonnée.

Adrien avait pris à part lui la résolution de gagner immédiatement l'Angleterre pour tenter d'éclaircir le mystère de cette étrange histoire; mais il se rendit aux bonnes raisons de M. de La Tour : avant de traverser la Manche, il était indispensable que l'apprenti prît quelque connaissance de la langue anglaise. Qu'il parlât mal l'anglais, peu importait. L'essentiel était de le comprendre et de se faire comprendre.

M. de La Tour lui assura que deux mois lui suffiraient pour arriver à ce résultat, à la condition expresse de ne plus faire usage du français dans leurs conversations quotidiennes.

Dès le premier jour l'apprenti se mit résolument à la besogne, guidé dans ses études par le père de son ami, qu'un citoyen de Londres eût pu prendre pour son compatriote, tant son accent était pur.

M. de La Tour, dans toute la force de l'âge, quarante-cinq ans au plus, aurait pu fort bien cacher une dizaine d'années. Grand, avec une carrure d'athlète, le visage haut en couleur, mais empreint d'une rare distinction, il donnait une très exacte idée du type que les Anglais nomment gentleman farmer.

Chacun l'aimait, l'estimait pour sa bonté et sa droiture. Les événements politiques n'avaient rien pu sur les sentiments qu'il méritait d'inspirer. Propriétaire d'une immense ferme appelée Les Mielles[1], dont les dernières prairies s'étendaient jusqu'à la banlieue de Cherbourg, il élevait dans ses prés salés de nombreux troupeaux de bœufs et de moutons qui constituaient la presque totalité de ses revenus. Non loin de la côte, à une lieue au plus de la ville s'élevait, au milieu d'une vaste cour plantée de pommiers, selon l'usage normand, une fort belle construction datant du seizième siècle, mi-château, mi-ferme, entourée à distance raisonnable, d'écuries, d'étables et de communs pour tous les usages. M. de La Tour occupait utilement une armée de serviteurs, pendant toute l'année, aidé dans ses nombreux travaux par son fils; et dans l'indispensable

---

1. Une partie des Mielles fut acquise pour la création des nouveaux bassins, au commencement du siècle, sous le premier empire.

surveillance à exercer sur ce peuple de serviteurs, par ses deux filles Rose et Élisa; la première âgée de quatorze ans mais grave comme une petite femme de ménage, malgré ses cheveux fous et son drôle de nez rieur, la seconde aussi brune que sa sœur était blonde, marchant sur dix-sept ans, fort jolie également avec son teint d'une éblouissante blancheur et les plus beaux yeux du monde.

Pas de mère!... Mme de La Tour était morte en mettant au monde la gentille Rosette; son mari n'avait jamais voulu se remarier.

Venait ensuite dans la hiérarchie directrice un excellent homme, vieux loup de mer échoué sur le rivage, un de ces obscurs héros si fréquents dans l'histoire de notre marine de guerre, à qui de nombreuses actions d'éclat n'avaient pu permettre de sortir des bas grades. Pas gentilhomme pour deux sous, le brave Lévesque! Il faut bien avouer qu'avec ses cheveux en broussaille, sa vieille figure hâlée, ses mains larges comme des éclanches de mouton et sa taille ramassée, il aurait assez pauvrement figuré dans un bal de cour. Mais tout de même les Anglais en avaient vu de rudes avec lui, alors qu'il servait en qualité de chef de timonerie sous les ordres de La Pérouse, il n'y avait parbleu pas si longtemps!... Aussi lui obéissait-on dans la ferme au doigt et à l'œil. Avec ça très doux et généreux comme un vrai matelot.

Au bout de six semaines de leçons, de devoirs et de causeries, M. de La Tour déclara son jeune protégé suffisamment à point pour entreprendre le voyage de Portsmouth. Il se trouvait à même de soutenir sans trop hésiter une conversation de longue haleine avec n'importe quel Anglais. D'ailleurs sa visite à Davis ne pouvait lui donner un résultat immédiat; il avait au contraire, selon toute apparence, la perspective d'un assez loug séjour en Angleterre, s'il parvenait à trouver une bonne piste à suivre ; tout le temps par conséquent pour perfectionner son savoir de fraîche date.

Adrien eut quelque peine à réprimer un cri de joie, lorsque, un beau matin, après sa leçon quotidienne, M. de La Tour lui fit cette déclaration. Une voix secrète lui disait qu'il réussirait dans sa mission ; qu'il retrouverait l'English auteur de l'abandon de l'enfant et que la Providence ferait le reste.

Le plus difficile était de gagner Portsmouth.

« Je ne vois qu'un seul moyen, lui dit M. de La Tour : trouver un bâtiment de commerce naviguant sous pavillon neutre, occasion que Cherbourg ne vous offrira pas, mais qui se présentera sûrement à Anvers. Il s'agit de gagner la Belgique par la grande route. »

Un frais rire d'enfant éclata vif derrière la chaise de M. de La Tour.

« Ah, ah!... c'est toi, petite malicieuse... je t'entends bien, va!... viens m'embrasser. »

La fillette apparaissant se jeta avec un grand cri dans ses bras.

Rose suivait l'enfant de près, toute rouge d'avoir couru après la fugitive.

« Ne l'embrassez pas, père, c'est une vilaine paresseuse qui, au lieu d'apprendre à parler, se sauve jouer entre les grosses pattes de Tape-à-l'Œil. »

Tape-à-l'Œil, entendant prononcer son nom, crut poli de venir se mêler à la conversation.

« Bon chien, honnête Tape-à-l'Œil, fit tout doucement M. de La Tour en caressant le large cou du chien, sauveur de mon gros Jeannot, j'irai jouer avec toi, entends-tu, si l'on t'ennuie. »

LES EMBARCATIONS ENTOURÈRENT LES DEUX VAISSEAUX.

Quoique la mi-octobre fût franchie, la journée promettait d'être superbe. Adrien vivait aux Mielles depuis deux mois et ne pensait pas sans une secrète mélancolie au moment du départ. La mer allait bientôt le réclamer pour son voyage, la mer, la grande sépareuse, comme l'appelait le bon curé de Sainte-Mère-Église.

Au large, malgré la pureté relative du ciel, montaient de cotonneuses vapeurs éteignant peu à peu la claire ligne d'horizon; mais près des côtes le flot restait d'émeraude, signe de beau temps, au moins jusqu'au couchant.

« Le vent de terre fraîchit, observa Jean, la rentrée des barques de pêche sera rude ce soir !

— Qu'est-ce donc? fit Adrien en prêtant l'oreille... avez-vous entendu?

— Le tonnerre, je crois, là-bas, vers l'île Pelée... continua Jean.

— Chut... écoutez... enfants.... »

Un sourd grondement, plusieurs fois répercuté par les échos, ébranla l'atmosphère.

« La tempête... j'ai vu l'éclair, » dit Rosette, un peu pâlie.

Un grondement plus sonore que le premier roula dans l'air.

« Un navire en détresse... il vient de tirer un coup de canon... la mer n'est cependant pas mauvaise.... »

Lévesque passait au bas de la terrasse.

« Tu as entendu, Lévesque?

— Oui, monsieur... oui... on se cogne au large... l'Anglais donne la chasse et l'autre répond de ses caronades; le Français a bonne voix, da !....

— Comment peux-tu savoir si c'est un Français?

— *Allais marchais...* on a vingt-cinq ans de mer, monsieur. Il n'y a encore que les Français pour recharger toute une batterie en si peu de temps... v'la la troisième bordée qu'il crache... suffit....

— Tiens, dit M. de La Tour, prends ma lorgnette, Lévesque. »

Le vieux chef braqua l'instrument.

« Eh bien? interrogèrent toutes les voix anxieuses.

— Qu'est-ce que je disais?... Ce brick... mais c'est la *Marie-Jeanne*.... Ah ben... t'en auras du filin à débrouiller, l'English.... Le v'là qui vire.... écoutez-moi ça... Oh! oh! c'te *Marie-Jeanne*!!... »

Une nouvelle décharge secoua cette fois toutes les vitres de la façade.

« Pare à virer!.. t'en es pour tes frais de poudre, mylord.... Sacrée *Marie-Jeanne*!... la voyez-vous?... elle glisse comme une mouette, pour lui lâcher sa bordée.... Ne la manque pas, bon sang!... V'lan! le mât de misaine tombe sur le pont... la *Marie-Jeanne* est bord à bord.... A l'abordage... à l'abordage.... Vas-y, Louvot... la corvette est à toi!!... »

Les deux navires, sensiblement rapprochés du rivage, devenaient parfaitement visibles à l'œil nu. De la terrasse on pouvait suivre parfaitement toutes les péripéties du combat.

« Hip, hip, hurra!... hurla le marin.... L'Anglais amène son pavillon... le drapeau français est hissé à son mât de hune.... Ça t'la coupe, cadet... fallait pas embêter Louvot, il n'aime pas ça!... »

Toute une flottille de barques de pêche s'élança vers la rade, légères comme un vol de goélands. Bientôt les barques entourèrent les deux vaisseaux et un formidable vivat jaillit de toutes ces poitrines de pêcheurs.

« Maintenant, à la remorque, deux solides amarres et en route pour Cherbourg, s'écria joyeusement Lévesque.... Ah! ce Louvot... ce Louvot!... »

En effet, les batelets s'alignèrent en file, sur une étendue d'un quart de mille et, sur un ordre donné par le capitaine de la *Marie-Jeanne*, debout sur le gaillard d'avant, toutes les rames s'abaissèrent; les câbles se tendirent, les deux vaisseaux se mirent en mouvement.

« Congé pour tout le monde, Lévesque, dit M. de La Tour; toi, Jean, cours faire seller nos chevaux, à moins que ces demoiselles ne préfèrent rester à la maison.

— Oh! non, père, non, répondit Rosette en battant des mains, nous n'osions pas vous demander de vous accompagner, quoique en mourant d'envie.... Quel bonheur!... Allons nous habiller, Élisa.

— Va, Lévesque, va, mon brave... le peuple vient saluer un héros, et nous sommes du peuple, nous aussi. Courons acclamer la *Marie-Jeanne* et son capitaine, un de tes amis, à ce que je vois....

— Et un vrai marin, monsieur!... un vrai... M. de La Pérouse, que Dieu ait son âme, l'appelait le premier matelot de France. »

VI

LE CAPITAINE DE LA « MARIE-JEANNE »

Voiles carguées et son équipage sur le pont, le drapeau tricolore déployé au bout de son petit mât de hune, la *Marie-Jeanne* venait de franchir la passe du port. Les coups de canon entendus au large avaient en quelques instants transformé ce paisible Cherbourg, si calme d'ordinaire, sauf dans le parage des quais. Toute la ville était dehors.

Un ouragan de vivats se déchaîna lorsque la *Marie-Jeanne*, remorquée par les embarcations, entra dans le chenal. Nos cavaliers confièrent leurs chevaux à un valet d'auberge et, non sans difficulté, se frayèrent un chemin à travers la foule. Lévesque, accompagné de Tape-à-l'Œil, venait de sauter dans un canot amarré près du bord, quand M. de La Tour parvint enfin au premier rang des bourgeois et artisans massés devant la Marine. Le maître des Mielles le héla. Lévesque, en quelques coups d'aviron, se rangea au ras du quai, embarqua toute la famille et nagea vers le victorieux vaisseau.

La *Marie-Jeanne*, un fin brick-goélette, léger et rapide comme l'alcyon, reposait maintenant ses ailes. Un bruit continu de chaîne déroulée au grincement du cabestan annonçait qu'elle allait enfin aborder. Une dizaine de matelots venaient de se jeter dans une chaloupe descendue des porte-manteaux, et, après s'être hissés sur le quai, halaient le brick à la cordelle, courbés, pesant de tout le poids de leur corps sur l'amarre tendue.

« Accoste au quai », commanda le capitaine.

Derrière venait la prise, une superbe corvette de vingt-six canons, l'*Adventure*[1].

Lévesque ne s'était pas trompé. C'était bien son ami Louvot qui, debout sur le gaillard d'avant de la *Marie-Jeanne*, fumait tranquillement sa pipe, surveillant le débarquement qui venait de commencer, tout en saluant de temps en temps la foule s'affolant de ses vivats, grisée de plaisir, d'émotion, d'enivrant enthousiasme ; tandis que la lourde et sonore voix de Tape-à-l'Œil, excité par tant de vacarme, mêlait ses aboiements aux cris joyeux des Cherbourgeois accourus. Tape-à-l'Œil avait un goût immodéré pour les rassemblements.

« Les voici... les voici, » cria-t-on dans la foule.

Un groupe de bourgeois, conduit par un petit homme, la taille ceinte d'une écharpe tricolore, débouchait de la Grand'Rue.

« La municipalité !... la municipalité !... le maire marche en tête... »

Une nuée de gamins s'envola vers le Conseil de ville qui s'avançait drapeau en tête, entre une double haie de gardes municipaux, la cocarde tricolore piquée au chapeau.

Les prisonniers anglais descendaient de leur bord. De formi-

1. Historique

dables huées les saluèrent, dominées par la vibration aigüe des sifflets éclatant de toutes parts. « Ah! les faillis chiens!... les rapaces!... venir jusque sous notre nez attaquer nos bâtiments de commerce.... Ohé! ohé! les Anglais... comment trouvez-vous la soupe... est-elle assez trempée?... »

Le capitaine de la *Marie-Jeanne* semblait fort mal à l'aise devant ce mouvement du populaire.

Lévesque venait de monter à son bord suivi des hôtes des Mielles.

Louvot embrassa sur les deux joues l'ex-maître de timonerie, son plus ancien camarade, son *matelot*, son meilleur ami par conséquent; les deux braves ne s'étaient pas rencontrés depuis cinq longues années. M. de La Tour félicita le capitaine sur son beau fait d'armes et le pria de considérer son habitation comme sienne tant que la *Marie-Jeanne* demeurerait à Cherbourg.

Le capitaine eut un bon rire.

« Vous ne savez pas à quoi vous vous engagez, monsieur, car la pauvre *Marie-Jeanne* a pas mal de fer anglais dans sa carène. »

Puis, subitement soucieux :

« Ah! çà, grommela-t-il, qu'est-ce qu'ils ont donc en bas à piler les dalles du quai?...

— La municipalité t'attend, vieux, répondit Lévesque

— Pourquoi faire? je saurai bien descendre à terre tout seul. »

Le maire attendait l'heureux capitaine, dont l'apparition fut saluée par des acclamations énergiques, des cris de : Vive la *Marie-Jeanne*! Vive la République!...

Louvot, un gaillard trapu au visage sympathique, au teint clair, en dépit du hâle qui n'avait pu complètement bronzer sa fraîche peau de Bas-Normand, ne paraissait guère avoir dépassé la quarantaine. Le nez fortement aquilin, les yeux bleus, d'un bleu intense, un bleu qui faisait lumière, la bouche belle, l'air résolu, il était en réalité comme le prototype de cette race au sang généreux qui a donné tant d'illustres marins à la France. Chacun voulait le voir, être des premiers à le féliciter. Les plus rapprochés essayaient de forcer la haie des soldats pour saisir sa main, toucher ses habits, entendre le son de la voix de ce brave, qui venait si bellement de châtier l'insolence de l'Anglais.

Sur les marches de la maison commune, un citoyen de belle prestance, le chef empanaché, le sabre au flanc, une écharpe tricolore nouée par-dessus son uniforme, attendait.

« Le citoyen Desmeillets, capitaine, murmura la voix fluette du premier magistrat de Cherbourg, le commissaire extraordinaire du gouvernement; il va vous haranguer.

— Citoyen représentant, s'écria Louvot vivement, avant que le commissaire extraordinaire eût déployé son papier, voilà la chose : je m'en revenais à Cherbourg; les Anglais ont voulu m'empêcher de passer, je vous les amène. Bien le bonsoir et mes amitiés à votre dame. »

Et Louvot, après un beau salut, prit Lévesque sous le bras, l'entraînant sans plus attendre.

Le citoyen Desmeillets sourit de cette pittoresque sortie du marin. Ex-avocat au bailliage de Beauvais, Desmeillets venait d'être nommé commissaire extraordinaire aux armées par la toute-puissante Convention. C'était un homme d'esprit, nullement imbu de son importance. Il rengaina son discours et, après avoir consolé le maire tout déçu de voir ainsi tomber à l'eau tous ses beaux projets de solennelle réception, donna l'ordre aux gardes municipaux de conduire les prisonniers au fort Royal, devenu fort National et de leur distribuer même ration qu'aux troupes.

Les jours s'écoulent paisibles, mais non pas uniformes à la ferme des Mielles. Novembre est venu, le triste novembre et ses vents plaintifs qui portent l'embrun. Le froid rend les mains gourdes, rougit les nez, fait la pluie dans les cervelles. Les champs sont devenus déserts, car les dernières meules ont été découronnées et les moissons rentrées dans les granges après les labours d'automne. La vie de la ferme s'est blottie auprès de l'âtre pour les maîtres, sous les hangars attenant aux communs pour les travailleurs de culture, très occupés à réparer les vieilles ridelles des charrettes, à émascler les longues tiges de saule et les menues branches des hêtres que la « plaine », adroitement maniée par des mains expertes, transformera en interminables échelles pour la récolte du verger.

Il faut songer aussi aux chaumes vermoulus, ne pas attendre les pluies pour les débarrasser de leurs épais manteaux de joubarbes et autres petites sœurs parasites qui, de loin, les font prendre sous ce beau velours bouqueté de mousses pour des prairies plus vertes que celles qui plongent leurs robes dans la mer.

M. de La Tour surveille ses convois de bétail acquis par l'État pour l'alimentation des troupes; le capitaine Louvot fait la navette entre les Mielles, où une magnifique chambre lui a été préparée à côté de celle d'Adrien, et le bassin de radoub. La pauvre *Marie-Jeanne* y gît, couchée à bâbord devant une nombreuse équipe de calfats montés sur des radeaux. Le second de la *Marie-Jeanne*, chargé de présider aux travaux de radoub, donne chaque fois que Jean s'aventure en compagnie de son nouvel ami, jusqu'au dock de carénage, les explications les plus détaillées sur la conformation du brick. Qui voit un

navire en voit cent autres, leur gabarit ne varie guère dans
l'ensemble. Or Jean veut être marin ; marin comme son grand-
père Pierre de La Tour, mort commandant de la *Foudroyante*,
frégate de haut bord, jadis la perle de la flotte de Sa Majesté
Louis XV. Le jeune homme a de qui tenir et il vit à bonne
école, car Lévesque, à qui l'arrière-saison laisse des loisirs,
utilise ses après-midi à parachever, sur la jolie plage des
Mielles, un ravissant petit lougre que la mer verra hardi
comme un faucon de race, si la vaillance de son futur équipage répond à la gracieuse hardiesse de sa coupe. Lévesque
a commencé son lougre à la fin de 1791 ; depuis deux ans il
est donc sur son chantier ; M. de La Tour a mis à la disposition
du vieux maître de timonerie les ouvriers dont il a eu besoin.
Aussi dès midi, tout aussitôt après le déjeuner, le constructeur
et ses aides charpentent, scient, taraudent, polissent, n'aban-
donnent la hache que pour la tarière, ne quittent la lime que
pour le rabot. Enfin, un beau soir, on entend le pas lourd de
Lévesque près de la terrasse.

La porte vitrée s'ouvre rapide, telle une aile d'oiseau.

« C'est donc fini ?...

— Paré, gréé, goudronné, doublé, peint, verni et astiqué,
la jeunesse... et ficelé, mes n'veux ! foi de Lévesque... Faut que
je parle à monsieur.... »

M. de La Tour jouait une dernière partie d'échecs avec le
capitaine de la *Marie-Jeanne*.

« Entre donc, Lévesque... entre, mon brave.... Une tasse
de café pour Lévesque, ma Rosette. »

Le matelot entra dans le petit salon, salué d'un clignement
d'œil entendu par Louvot.

« Tu as à me parler, Lévesque ? » demanda M. de La Tour.

Le marin ouvrit la bouche, retira sa chique qu'il serra précieusement dans un pli de sa ceinture, ferma un œil, se gratta un brin le mollet, puis, ces préliminaires oratoires achevés, dans un prodigieux effort et d'une voix étranglée :

« .... Rapport au baptême... oui, rapport au nom.... »

Le bonhomme tortillait son bonnet entre ses doigts ; sa peau, de rouge cuivre, passait alternativement au brun rouge et au bleu-contusion, et ses petits yeux clairs, tout plissés, enfouis

LE BONHOMME TORTILLAIT SON BONNET A LA MAIN.

sous la broussaille grise de ses épais sourcils, brillaient comme deux phares. Ils ne quittaient pas Louvot du regard, Louvot se dandinant sur sa chaise en un incessant mouvement de roulis. Louvot encourageant du geste son ami dont il était le confident.

« .... Oui, monsieur... rapport au baptême... censément, ajouta-t-il, convaincu de la définitive lumière apportée par ce tardif adverbe.

— Lévesque vient vous dire, mon cher monsieur de La Tour, que son bâtiment est terminé et vous invite à son baptême...

ajouta Louvot, redoutant que « censément » n'ait laissé sub-
sister dans l'esprit de son hôte quelque obscurité sur le but
de la visite de son matelot.

— Juste, murmura Lévesque, continue, Louvot, tu parles
bien.

— M. le curé de Sainte-Mère-Église, demain matin à onze
heures, donnera le baptême à....

— N'dis pas l'nom, bon sang de bon sang! Louvot, n'le
dis pas....

— .... Donnera donc le baptême au petit lougre, dès qu'il
sera en rade, et vous m'excuserez si je ne vous dis pas quel
nom sera écrit en belles lettres d'or à son arrière, puisque
c'est une surprise que Lévesque veut faire à Mlle Rosette. »

En fit-on des projets ce soir-là dans la chambre d'Adrien,
pendant que Louvot préparait son grog. Ce lougre!... une merveille de grâce, de légèreté, et résistant da!... Louvot en
répondait, il se chargerait bien de conduire toute la famille
aux grandes Indes sur cette coque de noix et de la ramener
à Cherbourg sans avaries... oui mes gars... sans avaries!...
pensez donc, ça ne fatigue pas à la mer ces oiseaux-là!

Jean s'endormit, ne rêvant que lointaines expéditions et
extraordinaires découvertes. La carte du monde se développa
lumineuse devant ses paupières closes. Il se réveilla à Buenos-
Ayres, ayant fait trois fois le tour du monde.

VII

LE BAPTÊME DE LA « ROSETTE »

Quoique l'hiver fût bien proche, la journée du lendemain, dès l'aurore, s'annonça par un gai soleil, rare bonne fortune....: Du soleil... en novembre... sur la presqu'île normande où le mot aurore est la plupart du temps une simple convention indiquant la première heure du matin ! Le ciel, d'un bleu de turquoise, balayé pendant les dernières heures de la nuit par une piquante brise d'est, épandait sur l'immense mer une teinte d'un vert laiteux, signe d'une certaine fixité dans le beau temps.

Lorsque M. de La Tour, accompagné de ses deux filles, de Jean et d'Adrien, qui se disputaient à qui des deux porterait la fillette dans ses bras, quitta la longue avenue de pommiers en bordures sur les prairies salées, à l'extrémité desquelles le père Lévesque avait établi son chantier, le personnel de la ferme, au grand complet, entourait déjà le petit lougre, admirant bouche bée sa belle apparence. L'élégant navire n'était plus maintenu en équilibre que par quatre bouts de charpente arc-boutés au bordage, deux à l'avant, deux à l'arrière, sur un lit de planches incliné, allant du chantier à la mer, enduites d'une épaisse couche de savon pour favoriser le glissement de la quille. Ses trois mâts, grand mât, misaine et tapecu, inclinés vers l'arrière, et son court beaupré flambaient de toutes les couleurs de l'arc-en-ciel sur la nue azurée. Lévesque n'avait pas ménagé les pavillons ! L'armateur, le capitaine Louvot et le vieux curé de Sainte-Mère-Église, escorté de deux enfants de chœur, étaient déjà montés sur le gaillard d'arrière. Le baptème d'un bateau, en 1793, en pleine Terreur, au moment où les prêtres se cachaient dans la gorge des montagnes ou au plus profond des bois pour célébrer la messe, un baptême au grand soleil, à moins d'une lieue de la ville, n'était-ce pas braver la persécution, courir au-devant des pires dangers ? Nul ne conservait cependant aucune appréhension en ce coin de la basse Normandie, parmi les employés de la ferme. Les autorités fermaient sagement les yeux, car aucun marin ne se serait décidé à embarquer sur un bâtiment neuf que l'eau lustrale n'aurait pas mouillé. Au retour des voyages, si dans le péril un matelot avait voué son bateau à la vierge, l'équipage en corps, pieds nus, n'en montait pas moins à Sainte-Mère-Église, accomplir le vœu fait au moment du danger, au nez des autorités.

« Les mauvais temps passeront, comme nous passerons nous-mêmes, capitaine, disait le vieux curé ; quant à moi, je n'ai rien à craindre, bien moins encore à l'heure présente que l'an dernier ; la Convention a un trop grand besoin de matelots pour les persécuter dans leur conscience. »

Une violente décharge ébranla l'atmosphère ; des vivats éclatèrent aussitôt, prolongeant le bruit de l'artillerie :

« Vive mam'zelle Rose.... Vive la *Rosette!*... »

Lévesque aperçut M. de La Tour; il descendit de son bord et se porta à sa rencontre.

Un escalier de commandement, garni d'une légère rampe de cuivre, fut abaissé à tribord. Élisa et Rose le gravirent, non sans un petit tremblement.... Elles allaient donc glisser elles aussi vers la mer, sur cet audacieux bateau, maintenu alors en équilibre par la rapidité de sa vitesse sur son lit de planches!... Elles n'osaient trop montrer leur crainte, Jean se serait tant moqué d'elles!...

L'escalier fut remonté. Dans la grande cabine, maman Lévesque, parfaitement tranquille, dressait le couvert. On devait déjeuner au large.

« Êtes-vous parés? demanda Lévesque à l'équipage massé sur le pont. Réveil?

— Présent!...

— Debray... Forneaux... Bottier... Ramberville... Clerisse... Buchot... Collier.... »

A chaque nom prononcé répondait un : Présent! sonore.

A l'avant et à l'arrière du bâtiment quatre hommes attendaient, prêts à rabattre les pièces de charpente qui maintenaient le bateau sur son chantier. Un silence profond régnait à bord du lougre, dont l'arrière faisait face à la mer.

Sur un coup de sifflet, vivement, d'un seul coup, par un quadruple geste d'une merveilleuse précision, les quatre arcs-boutants s'abattirent et la dernière amarre qui attachait l'étrave fut coupée net d'un coup de hache. Le bateau glissa sur les dragues jusqu'à la mer, où son arrière s'enfonça tout d'abord jusqu'aux bastingages, pour se relever légèrement sur le flot dès que l'avant eut à son tour plongé dans la mer.

De bruyants bravos partirent de la rive.

Lévesque prit la barre et mit le cap sur la Hague.

« Hisse le grand hunier.... Hisse les perroquets volants.... »

Le vent, un faible vent d'ouest, gonfla les voiles et la *Rosette* courut vent sous vergue vers le cap dont la pointe se dessinait à l'horizon, sous la gaze légère des brumes matinales.

« Fameux... fameux, ton lougre, matelot, fit Louvot, avec le hochement de tête d'un connaisseur, il vole au ras flot, le petit diable.... »

Lorsque le bâtiment fut au large, M. le curé dit la messe a un autel improvisé sous la dunette, il bénit ensuite l'équipage et le bateau, auquel il donna le nom de la *Rosette*, suivant le désir de son capitaine-constructeur-armateur.

Un pétulant feu de mousqueterie annonça la fin de la cérémonie. De furieux aboiements répondirent à la salve, et Tape-à-l'Œil, béni lui aussi sans le savoir, quitta enfin la salle à manger où les opérations gastronomiques de maman Lévesque l'avaient jusque-là comme hypnotisé.

On déjeuna en rade, voiles carguées; les ancres furent coulées à pic sur un bon fond de roche et Rosette, à qui Jean avait offert son magnifique bouquet de marraine, ne fit nulle difficulté pour reconnaître les inappréciables délices d'une promenade sur mer, par un beau temps. Sur le gaillard d'avant Louvot enseignait à Jean le maniement du sextant et l'art de prendre le point. Le capitaine de la *Marie-Jeanne* s'émerveillait des facultés de compréhension de son élève.

« Avant six mois vous saurez vous orienter, jeune homme, il ne vous manquera plus que l'expérience; mais l'expérience c'est un cadeau du temps, et notre bonne volonté, toute notre intelligence ne la donnent pas.... Allons... vous ferez un fameux matelot, si le cœur vous en dit jamais.... La terre, voyez-vous, le bon Dieu l'a faite pour les femmes, c'est pour cela qu'il l'a

garnie de fleurs ; la mer, c'est notre bien à nous et ses dangers
font notre cœur plus vaillant. »

Jean n'avait pas besoin d'être encouragé, nous l'avons dit.

Le soir un somptueux repas réunit à la même table maîtres
et valets. Maman Lévesque avait passé la nuit précédente aidée
de sa nièce, Marie Granchet, mandée en hâte de la Fromagerie,

M. LE CURÉ DIT LA MESSE A UN AUTEL IMPROVISÉ.

autre ferme de médiocre importance située à la pointe du cap ;
Marie avait amené Benoist, et Benoist était si gourmand que son
amour pour la bonne chère avait fait de lui un rôtisseur hors
ligne. — La spécialité de Marie, la Granchet, comme on disait à la
ferme, — c'était les crèmes !... Oh ! les crèmes de la Granchet !...
Elle savait bien en confectionner une vingtaine plus exquises
les unes que les autres. A maman Lévesque revenait la palme
des succulentes pâtisseries, reluisantes sous leur couche de

sucre doré, calice de pâte croustillante où sa fantaisie géniale enfermait d'incomparables préparations. Cette profusion invraisemblable de bonnes choses, imprégnant l'air de si excitantes senteurs, plongeait Tape-à-l'Œil dans un fol enthousiasme. Pas trop fou cependant, car le chien semblait comprendre que pour manger énormément, le mieux serait encore de passer inaperçu. En compère avisé, il se maintenait coi derrière la chaise de Lévesque, qui lui repassait habilement le plus gros de sa part de chaque plat. Tape-à-l'Œil engloutissait silencieusement les victuailles, sans souci de sa soupe refroidissant près de sa niche. De la soupe!... un jour de baptême!. fi donc!..

Lévesque se distinguait également par un mutisme absolu, remplaçant les paroles par des gestes. Au dessert cette mimique expressive et sans but apparent parut s'adresser à son matelot, car il toussota, hoqueta, suffoqua comme s'il venait d'avaler de travers. Lévesque, convulsé des sourcils aux lèvres, roulait ses petits yeux gris entre deux quintes et ne quittait pas du regard le brave Louvot qui ne lui accordait d'ailleurs pas la moindre attention. Au plus fort des accès grimaçants du vieux maître de timonerie, il narrait dans son style essentiellement pittoresque, à sa gentille voisine, sa réception sur la côte de Zanzibar par un roi nègre, sommairement vêtu d'un binocle et d'un haussecol. Enfin il s'aperçut de la mimique effrénée de son ami. Le capitaine de la *Marie-Jeanne* se leva en se frappant le front.

« Compris, matelot... ferme ton écoutille. »

L'accès de rire de Lévesque se calma subitement.

« Monsieur de La Tour, monsieur Jean, dit Louvot, je dois parler rapport à la *Rosette*... mais parler devant tant de monde, c'est pas très bien mon affaire. Où l'aurais-je appris? Dans la plupart des pays que j'ai visités, parler ne sert à rien, puisque personne ne comprend le chrétien. Si on a besoin d'un mouton

on fait bé... é... é, d'une poule cot... co... cot..., d'un cochon
ron... ron... vron.... Tais-toi donc, Tape-à-l'Œil... c'est pour
rire.... Donc, pour en revenir à la chose... où donc que j'en
étais, Lévesque?

— Au lougre, capitaine.

— Eh bien! alors, pas besoin de tant d'histoires. Voilà : le
matelot Lévesque a fabriqué sa coque de noix pour l'offrir toute
gréée à M. Jean. La *Rosette* est donc désormais à M. Jean de La
Tour. Ça y est!

— Comment! Lévesque, s'écria Jean en sautant au cou du
vieux maître... à moi ce beau lougre?

— Sûr et certain, monsieur Jean. Quand vous étiez petit,
j'vous taillais des goélettes dans des bouts de bois et vous fabri-
quais des barques de pêche avec mes vieux sabots; vous avez
grandi... j'ai augmenté mon gabarit.... Voilà la chose. A votre
santé, monsieur Jean, et à la santé de la *Rosette* ; je puis bien
lever mon verre pour elle, maintenant qu'elle n'est plus à moi....
Pas vrai, monsieur de La Tour?

— Voici ma réponse, Lévesque, ma réponse à ce cadeau de
prince, fit M. de La Tour en élevant son verre : à la santé du
meilleur, du plus dévoué et du plus brave....

— A la santé de Lévesque! » répondirent unanimement tous
les convives en choquant leurs verres.

VIII

MISÉ MOCO

Est-il bien utile d'ajouter que les journées qui suivirent furent uniquement consacrées à de nombreuses promenades à bord de la *Rosette*? S'il n'avait consulté que son goût, Jean ne l'aurait jamais quittée et ce n'est certes pas Lévesque, qui s'était donné la mission de faire de son jeune ami un parfait matelot, qui y aurait trouvé à redire.

La fillette, Mlle de la Mare, comme l'avait appelée Adrien, suivant le dire de maman Lévesque, très compétente en la matière, vu le grand nombre de nourrissons qu'elle avait allaités, marchait bravement sur ses quatre ans. Cette jeune personne tenait grande place dans la maison, babillant sans relâche, sans que ni Rosette ni sa sœur pussent comprendre le plus petit mot des interminables monologues que gravement Tape-à-l'Œil écoutait les yeux mi-clos. Dans l'ignorance où l'on était de son nom réel et après avoir consciencieusement répété devant elle tous ceux du calendrier, sans que sa mignonne figure indiquât par un subit éveil le moindre indice, on s'était décidé, sur la proposition de Rose, à lui attribuer le nom de la sainte honorée le 12 août, jour où le petit apprenti l'avait recueillie.

Pour le capitaine de la *Marie-Jeanne*, Claire, Clairette, Clairinette était Misé Moco.... Bonjour, Misé Moco.... Rose trouvait ce nom fort laid et, étant devenue la petite mère de la fillette, essayait de se fâcher ; mais, en dépit de tous ses plus énergiques efforts, elle finissait toujours par un joli rire perlé ses projets de fâcherie. Mlle Moco se montrait ravie de son nouveau nom et gardait ses plus provocantes risettes pour le capitaine.

Un jour Clairinette toussa en revenant de la promenade. Mlle Rose fut aux cent coups.

« Bah ! elle s'acclimatera peu à peu, dit Louvot ; pas, Mocotte ? Nos pommiers ne valent pas les oliviers de ton pays, da !

— C'est donc une idée fixe, capitaine ? demanda M. de La Tour, vous voulez absolument que notre Clairette soit une petite Provençale.

— Rien n'est plus certain ; les quelques mots qu'elle prononce sont des mots patois. C'est une *moco*... je m'y connais, j'ai embarqué assez de *mocos* dans mes relâches à Marseille pour ne pas me tromper.... Ah ! ces *mocos*, bons marins, mais quelles têtes !... On les appelle *mocos*, diminutif de *comme a quo*, qui veut dire en bon français : comme ça, parce que sur dix mots ils répètent bien cinq fois : *moco*. Ce mot la fait rire, la p'tiote, attendu qu'elle a dû souvent l'entendre. Hé ! *Moco*... un poutou... un poutounet ? »

Misé Moco accourut et embrassa le capitaine.

« Voyez-vous, dit-il triomphant.... Un poutou c'est un baiser ! elle a compris.... Adiou sias Clairette... quan es d'houres? »

L'enfant leva les yeux vers l'horloge.

« Eh bien?... est-ce concluant? je lui demande quelle heure est-il? Vous l'avez vue se retourner aussitôt vers le cadran. »

Le capitaine parlait fort mal le provençal, assez bien cependant pour se faire comprendre par l'enfant et prouver qu'elle était réellement une fille de Provence, une petite moco.

M. de La Tour se déclara convaincu.

« Voici déjà un point de fixé, observa-t-il. Nous savons à peu près de quel côté diriger nos recherches dorénavant. Ce fil d'Ariane n'est peut-être pas très sûr, mais mieux vaut une piste douteuse que rien. »

Jean et Adrien rentrèrent à ce moment. M. de La Tour les mit au courant de la découverte du capitaine. Depuis la veille il était convenu que le jeune apprenti partirait le surlendemain pour Anvers, afin de gagner directement Portsmouth. Louvot affirmait, comme l'avait fait M. de La Tour, qu'à Anvers le voyageur trouverait sûrement à s'embarquer sur un bâtiment naviguant sous pavillon neutre. Donc il demeurait avéré que l'enfant avait vu le jour sur le littoral méditerranéen. Le renseignement pouvait avoir son utilité, aider à l'observation, empêcher de s'embarquer sur une fausse piste. Pour Adrien, il ne doutait pas que sa bonne étoile ne dût le mettre sur une sérieuse trace, dès qu'il aurait posé le pied en Angleterre. Ah ! il ouvrirait l'œil maintenant et si dans les bureaux de la banque Davis and Cº le hasard le mettait en présence d'un Méridional, il saurait au moins que le personnage, auquel il n'aurait peut-être pas pris garde sans ce renseignement, était un homme à ne pas perdre de vue.

Le voyage devait s'effectuer à petites journées, dans une patache acquise par Jean à Melun.

« Parbleu ! s'écria soudain M. de La Tour, que n'allez-vous avec Adrien, mon cher Louvot, puisque vous ne pouvez tenir en place ?

— Oh ! oui, capitaine, venez avec moi, courons ensemble les mêmes aventures.... »

Louvot eut un fugitif éclair de joie dans le regard à cette proposition. M. de La Tour s'en aperçut, il insista. A eux deux, que de chances d'arriver à un meilleur résultat.... Ce départ d'Adrien... presque un enfant, tout seul... le préoccupait vraiment. Élisa et Rose, Rose surtout, joignirent leurs prières à celle de leur père.

« Voyons... un bon mouvement... dites oui, capitaine. »

Comment résister !... Quels arguments opposer à de si concluantes raisons. Le « oui » jaillit de ses lèvres impatientes de le prononcer ; il en fut remercié par quatre bons baisers des deux jeunes filles, un par joue. Et le soir même, deux heures avant la nuit, pendant que le confiant Tape-à-l'Œil devenu bourgeois cossu digérait au sein des rêves charmants une livre de lard conquis à la cuisine, Jean, debout devant la patache, serrait la main de son ami, qu'il n'avait jamais autant aimé qu'à cette heure triste de la séparation.

IX

A BORD DE LA « VICTORIEUSE »

Pendant la huitaine suivante, Jean erra comme une âme en peine dans la maison : son jeune compagnon lui manquait. Il eut la sensation d'un vide douloureux en lui-même, comme si quelque chose se fût détaché de son esprit et de son cœur.

De Cherbourg partaient chaque jour de hardis corsaires à la poursuite de l'Anglais. Jean les voyait prendre la mer non sans mélancolie et personne auprès de lui à qui confier son chagrin ! Rien que Lévesque parachevant du matin au soir le gréement de la *Rosette*.

Un dimanche matin, c'était le 15 décembre, douze jours après le départ des deux voyageurs, M. de La Tour annonça à ses enfants son projet d'aller passer avec eux la journée à Cherbourg. La *Victorieuse*, magnifique frégate de 120 canons, commandée par le marquis de Loré, le ci-devant marquis devenu citoyen Loré, frère du colonel comte de Loré ancien compagnon d'armes de M. de La Tour, venait de jeter l'ancre en rade. La *Victorieuse*, partie de Brest pour renforcer la flotte si pauvre de la Manche, ramenait deux corvettes anglaises capturées dans les eaux des îles normandes.

« Ça nous fait deux bâtiments de plus, dit Lévesque. On montrera à ces petits-là à manger leur mère. »

M. de La Tour tenait à être un des premiers à féliciter M. de Loré. Le cœur de Jean battait bien fort lorsque, vers les dix heures, il mit à son tour le pied sur l'escalier de commandement vivement descendu à tribord de la frégate, à l'approche du canot de la *Rosette* mouillée à quelques encâblures de la *Victorieuse*. Non pas que Jean visitât pour la première fois un vaisseau de ligne ; mais, en ce jour, il allait voir un héros.

Un petit homme, court, épais, trapu, d'apparence assez vulgaire, debout sur la plate-forme de l'escalier volant, offrait la main à Élisa et ensuite à Rose, pour les aider à passer à bord. M. de La Tour montait derrière ses filles, Jean fermait la marche. Quelle ne fut pas sa surprise, au cours de la présentation à cet officier de mine si peu avantageuse, d'apprendre que ce bonhomme n'était autre que M. de Loré, une des gloires de la marine française.

Un héros !... un héros ce bout d'homme ramassé sur ses courtes jambes ; un héros ce bon papa empaqueté dans une vaste houppelande fourrée ; la tête d'un héros cette petite boule joviale, aux yeux brillants, aux lèvres charnues plissées en un rire d'enfant.

Quelle désillusion !... Où trouver sur cette face placide le signe distinctif, la lueur géniale des prédestinés aux grandes actions ?

La *Rosette*, mollement au repos sur la mer à peine mouvante, se balançait presque en face sur ses ancres coulées à pic.

« Joli lougre, murmura le commandant, une merveille de coupe…. Est-il à vous, mon cher ami?

— A mon fils, commandant. M. Jean de La Tour en est le grand amiral.

— Parfait, jeune homme… à la bonne heure. Tous les papas devraient fourrer leurs enfants à l'eau dès qu'ils peuvent courir loin des

IL TENDIT LA MAIN A ÉLISA.

jupes de leurs mères. Ainsi donc, mon gars, vous êtes marin.

— En rêve, commandant, répondit Jean, un peu troublé de la conclusion de M. de Loré.

— Quel âge, jeune homme? reprit-il.

— Vingt ans, commandant.

— Et vous n'avez pas encore fait le tour du monde vous...
un Cherbourgeois... et ce beau petit lougre paresse en rade,
lorsque tant de bricks anglais chargés jusqu'au bordage ne
demandent qu'à amener leurs pavillons.... Préférez-vous donc,
monsieur l'amiral, recevoir un fusil des mains d'un sergent pour
défendre la patrie de toutes parts attaquée? Prenez la mer, mon
gars, prenez la mer, la France a besoin de matelots.

— C'est absolument mon avis, repartit M. de La Tour, je le
disais hier encore à Lévesque, mon régisseur, commandant,
ex-maître de timonerie et retraité avec ce grade sans avoir
jamais pu obtenir cette épaulette d'officier qu'il eût certainement honorée.

— Lévesque... je connais ça, Lévesque... Lévesque! Parbleu
oui....

— Il vient d'aborder votre frégate, commandant, dit Rose,
sur le youyou de la *Rosette*.

— Amenez-moi votre Lévesque, jeune homme, je veux revoir
cette vieille connaissance. »

Jean ne fut pas long à trouver et à ramener le timonier.

« C'est toi, Lévesque?...

— Présent! commandant, fit Lévesque en saluant.

— Me reconnais-tu, matelot?

— Ah ben!... nom d'un sabord... si j'reconnaissais pas
mon lieutenant de la *Foudre*....

— Sacré gabier va!... je te reconnais bien aussi, moi.... Tu
n'as pas embelli, mon vieux... moi non plus, pas vrai? Je crois
tout de même que tu es plus laid que moi.... Assez rire, matelot!... Que fais-tu maintenant?

— Il se dévoue à moi, commandant, après s'être dévoué au
roi, répondit M. de La Tour.

— Et vous l'en récompensez par plus d'affection.... Dis-moi, matelot, qui a mis sur chantier ce joli lougre?

— Moi, commandant, je l'ai construit de la quille au tapecu, pas un clin du rouf qui ait reçu un rivet d'une autre palette que celle-ci. » Et ce disant Lévesque allongea sa lourde main.

« Et tu files avec ta *Rosette*?...

— Quinze nœuds, vent sous vergue.

— L'équipage?

— On met à la voile avec quinze hommes, capitaine compris.

— Eh bien, capitaine, plante-moi là notre ami qui en sera quitte pour prendre un autre régisseur, et sus à l'Anglais!...

— Lévesque, je te confie Jean, s'écria M. de La Tour, les deux mains tendues vers le maître de timonerie, fais-en un hardi matelot.

— Eh! quoi, mon père... serait-il vrai!... Oh, mon rêve, mon rêve réalisé!

— Sus à l'Anglais, mort du diable!... et revenez-moi tous deux avec une belle prise. La République m'a confié la mission d'équiper en guerre le plus grand nombre de bâtiments de commerce que je pourrai acheter et de nommer à leur commandement qui bon me semble. J'arrive tout exprès de Brest pour cela, mon vieux. Je commence par ton lougre.... Combien? demanda M. de Loré.

— Nous l'offrons à la Nation, commandant, s'écria Jean.... Vive la France!

— Cela vaut mieux, car elle n'est guère riche pour l'instant, la pauvre France. Lieutenant Lévesque, voici ta première épaulette, je la portais à bord de la *Foudre*. Puisque les terriens font des généraux de vingt-cinq ans, je marche à l'envers et vais fabriquer de jeunes lieutenants avec de vieux requins naufragés. Sus à l'Anglais, matelot, reviens-moi un brick anglais à ton arrière, ensuite la seconde épaulette couvrira ton autre épaule. Ah! nous allons rire, les English... pas, Lévesque?... A propos, si tu rencontres un brave dont on m'a parlé ici et que le ministre de la marine a recommandé à mon attention, envoie-le moi. Louvot; retiens bien ce nom, le capitaine au long cours qui a amené dans ce port la première prise faite sur la Manche.

— Louvot?... mon matelot....

— Ton matelot est nommé capitaine depuis hier, sa commission est là. Avant huit jours tu seras son égal, vieux maître, si tu ne reviens pas les mains vides.... Quant à vous, jeune homme, votre avancement est entre les mains de votre chef. Tu m'entends, Lévesque, si on ne te le tue pas à la première affaire, repasse-lui l'épaulette du lieutenant de la *Foudre*, j'en ai encore à ton service, une paire cette fois. En attendant l'épaulette de Lévesque, mon gars, prends cette épée, la première que j'ai portée.... Parbleu! ces deux compères vont m'enlever tout mon fourniment....

— Comment vous remercier, commandant!... Quelle journée pour mon Jean!...

— Mousse..... Moussaillon... une bouteille de champagne! La *Victorieuse* boit aujourd'hui à l'équipage de la *Rosette* et à ses prochains exploits. »

Quinze jours environ avant l'arrivée de la *Victorieuse* dans le port, une frégate française, la *Réunion*, qui se trouvait en calme à une heure au large du Fort Royal avait été prise par un navire anglais. De la jetée la population assistait, dans quelles angoisses! au combat et à la défaite. Il fallait voir à ce moment les jeunes gens sauter dans les embarcations, même sans prendre le temps de s'emparer d'une arme, pour voler à l'Anglais et lui reprendre à l'abordage le vaisseau français capturé. Certains, courbés sur les rames, pleuraient de rage. Jamais plus insultant affront n'avait outragé la patrie. En moins d'un quart d'heure, une centaine de barques se pressaient à la sortie du port. Il fallut des ordres supérieurs, la menace de couler les barques lorsqu'elles passeraient sous les feux du fort pour faire renoncer cette bouillante jeunesse à la plus folle équipée dont l'histoire ait jamais fait mention[1].

Cette cruelle leçon, qui démontrait par le plus triste argument l'impuissance de notre marine dans une lutte dont les événements ne laissaient pas entrevoir l'issue, détermina le ministre de la marine à renforcer le port de Cherbourg. L'arrivée de la *Victorieuse* sous les ordres d'un chef dont le courage et le savoir passaient à l'état de légende dans la flotte, allait donc, par son efficace protection, utiliser pour la défense de nos côtes tant de stériles courages.

« Embarque, embarque, garçon !... La *Rosette* appareille !... »

Le réveil de Jean fut salué par cette bonne nouvelle. Lévesque ne voulait pas tarder plus longtemps à entrer en campagne. Ah! ce Lévesque, les épaulettes de M. de Loré l'avaient-elles transformé si subitement qu'il ne restât plus rien en lui du pauvre bonhomme si timide, si embarrassé dans son respect du maître!... Le voilà qui parlait d'abondance, sans que les mots lui déchirassent la gorge au passage. Sur son uniforme les insignes de son grade, des galons plein les manches!... A sa ceinture deux énormes pistolets de combat, et, battant ses jambes chaloupantes comme si le roulis les menaçait toujours dans leur équilibre, un lourd sabre à poignée de cuivre capable de couper un bœuf en deux, d'un seul coup.

1. Historique.

« Je suis paré, capitaine.

— C'est donc pour aujourd'hui, fit Rosette les larmes aux
yeux.

— Pour tout de suite, mes jolies demoiselles, la marée
n'attend pas. »

Les adieux furent d'autant plus touchants que chacun s'efforçait de cacher son chagrin.

« Dieu vous garde! mes amis, dit M. de La Tour; mon seul
regret est de ne pas combattre à vos côtés. »

La bonne maman Lévesque se tenait derrière la porte entre-
bâillée, discrètement. Lorsque son mari, tout crâne sous son
habit bleu, mit le pied sur le perron, elle se jeta à son cou.

« Tu sais.... mon homme, reviens avec ces chiens d'English
à la chaîne, autrement, plus de mère Lévesque... je change de
nom, da!....

— Brave femme, bonne Française », murmura M. de La
Tour, la regardant.

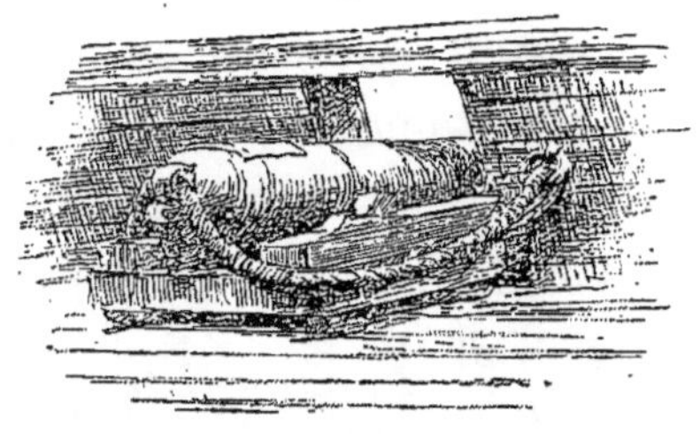

X

EMBARQUE, EMBARQUE

De la terrasse des Mielles, la vue embrassait le port et la rade de Cherbourg. La veille, Lévesque avait conduit la *Rosette* à quai. Pas vaniteux, certes, le nouvel officier, mais dame!... on est homme... et la pensée de se montrer à ses camarades l'épaulette à l'habit et le sabre au flanc chatouillait agréablement son orgueil. Puisque la nation l'honorait de son choix, jugeait ses titres à ses services et non plus à des questions de noblesse, il avait le droit d'être fier et ma foi, sans vergogne, il usait de son droit.

Le commandant de la *Victorieuse* s'était fait conduire dans le canot major à bord du lougre, où déjà avait pris place le maire de Cherbourg et le citoyen commissaire extraordinaire Desmeillets. Lévesque leur fit les honneurs de la *Rosette* avec beaucoup de dignité, le vieux maître timonier avait assisté; à plus d'une réception à bord au cours de sa carrière. Lorsque

Desmeillets fit signe qu'il allait parler, le nouveau capitaine commanda à ses hommes de se mettre au port d'armes, chapeau bas, suivant les *us* anciens et s'apprêta à écouter le discours que le bon Louvot avait dédaigné.

La foule se pressait sur les quais où la *Rosette* était amarrée.

Le cri de : Vive la nation! partit de toutes les poitrines à l'apparition sur le gaillard d'arrière du citoyen commissaire.

En réalité, il parla bien et pas trop longtemps, le délégué de la République. Louvot, — qui sait où il se trouvait à cette heure, le capitaine de la *Marie-Jeanne* passé sans le savoir dans la marine de l'État? — Louvot, par suite de sa timidité et de son inconscient mépris des belles phrases, perdit l'occasion, le jour de sa prise, d'entendre une foule compacte acclamer l'orateur. Desmeillets sut en quelques périodes chaleureuses exalter le patriotisme des assistants bourgeois et exciter la vaillance du petit équipage qui sous son pavillon portait la fortune de la France. Il rappela les services si tardivement récompensés de Lévesque, de ce courageux matelot, « brûlant de voler à de nouveaux combats » à l'âge où il avait tant de droits à jouir d'un repos bien gagné.

« Vive Lévesque, vive Louvot, vive la République », cria la foule enthousiasmée par le mouvement oratoire du citoyen commissaire.

Lévesque, le pauvre homme, n'en avait jamais entendu autant sur son compte; la vérité nous force à dire que son humilité ne souffrit nullement de ce triomphant éloge, pas plus que de la flatteuse allocution prononcée par le maire de la ville après le discours de Desmeillets. Le maire dit que dans l'avenir Cherbourg s'honorerait d'avoir donné naissance au capitaine de la *Rosette*. Puisque M. le maire le croyait, Lévesque aurait eu mauvaise grâce à n'en pas être sûr à son tour, mais du diable tout de même s'il aurait jamais cru la chose !

Lorsque les vivats de la foule furent assoupis, M. de Loré s'approcha de Lévesque.

« Va, mon vieux matelot, lui dit-il, en élevant la voix de façon à être entendu de l'assistance, largue tes voiles, prends du vent. Sus à l'Anglais et pas de quartier. Si tu te vois pris… ces malheurs-là surprennent les plus braves, souviens-toi de la *Foudre*. A la soute aux poudre, mèche allumée… C'est compris, n'est-ce pas ?

— Vive la *Victorieuse*, vive Loré », acclama la foule s'écartant pour livrer passage au citoyen commissaire. Le maire venait le dernier dans le cortège. Il serra chaleureusement la main de Lévesque.

« Pensez toujours à Mucius Scévola, capitaine, ne le perdez jamais de vue.

— Ayez pas peur, monsieur le maire », répondit Lévesque ne sachant quel était le personnage auquel il devait si constamment s'intéresser. Aussitôt l'appel de l'équipage commença : « Badier, Liais, Forneaux…. »

« Nom d'une barque, grogna-t-il, je ne vois pas là dedans le particulier du citoyen maire….

— Capitaine, un homme qui demande à embarquer, fit Badier le quartier-maître.

— Très bien, maître, où est-il ?… Ah ! c'est toi, mon garçon, ajouta-t-il en apercevant derrière Badier un gentil brunet d'environ vingt ans, un peu plus peut-être… tu n'es pas du pays, je pense, avec cette tignasse noire.

— Mon capitaine, Marseillais, pour vous servir. J'ai traversé toute la France pour m'embarquer.

— Toi tu me vas, quoique tu ne *soyes* pas du pays… ton nom ?

— Marius Raymonat.

— Ah ! fichue bête que je suis... c'est donc toi qu'il ne faut pas que je perde de vue... accoste, mon garçon, accoste. Le maire m'a parlé de toi. Voici. Tu toucheras soixante francs par quinze jours de mer et ta part dans les prises, marchandises seulement, l'argent et les navires c'est pour la nation... Ça te va? Bon... je ne te quitterai pas de l'œil, c'est promis.

— Lévesque donna un coup de sifflet.

— Tout est paré?... Bien. Lâchez tout... file l'amarre... largue le clin-foc et porte plein! »

La brise soufflait de terre et comme la *Rosette* était amarrée tout au bout du port, sans aucun navire devant elle, le lougre put évoluer comme en pleine rade; il prit le vent et fendit légèrement le flot.

Lévesque se retourna pour saluer une dernière fois la foule qui acclamait le départ du bateau; de la main, il montra au maire le nouvel engagé :

« J'aurai l'œil sur lui, citoyen maire!... ayez pas peur.

— Ce qu'il t'aime, mon gars, cet homme-là!... »

Marius Raymonat pensa en soi-même que le maire de Cherbourg se montrait bien accueillant pour les étrangers et lui sut un gré infini de sa si discrète protection.

L'ÉQUIPAGE PUT DÉBARQUER.

XI

UN PASSAGE DIFFICILE

Le lieutenant, ou pour mieux dire le capitaine Lévesque, puisque le vieux maître de timonerie commandait en chef la *Rosette*, monta sur la petite dunette du lougre; dès que le chenal fut dépassé, la passe franchie, il fit mettre le cap sur la pointe de la presqu'île.

Un vent sud-sud-ouest fraîchissait depuis l'embarquement et n'eût été un gros nuage montant au nord-est vers l'horizon clair, on pouvait espérer une bonne journée, aussi satisfaisante que le comportait la saison dans ces trop opaques embruns qui tiennent constamment l'attention en éveil. Au reste, à moins d'un subit ouragan forçant à gagner le large pour ne pas être jeté à la côte, le vieux matelot pouvait louvoyer à son gré car il connaissait toutes les anses de la côte par expérience; il savait sur le bout du doigt les bonnes criques où se pêchent les congres énormes, il eût fait les yeux fermés le tracé du fond des falaises de l'ouest, depuis Sainte-Mère-Église jusqu'à la pointe de la Hague.

Dès la sortie du port, le *protégé* du maire avait été commandé de vigie. En deux sauts le Provençal avait atteint la hune du grand mât, — il n'était pas très grand, confessons-le, le grand mât de la *Rosette* — et malgré son manque d'habitude, Marius, le dernier volontaire de l'équipage, gardait bonne et fière contenance dans la mâture, quoique le lougre cependant peu chargé de toile filât comme une flèche sur la mer un peu plus agitée.

Son équipage, y compris les deux officiers, se composait de dix-huit hommes, bénéficiant en sus de leur prêt d'État, d'une haute paye libéralement ajoutée par M. de La Tour. Tous ces hommes avaient embarqué comme volontaires, sauf Badier le quartier-maître, second maître de timonerie à bord de la *Victorieuse*, marin éprouvé, autorisé par M. de Loré à passer au bord de la *Rosette* sur son instante demande.

Le lougre, d'un faible tonnage, était armé de deux petits canons, quatre espingoles, douze fusils, autant de sabres et une quarantaine de pistolets. Son tirant d'eau, très profond à l'arrière, diminuait à l'avant dans de très grandes proportions, moins d'une toise. Il pouvait en conséquence s'aventurer dans les plus bas fonds.

En passant en vue de la ferme des Mielles dont les vastes bâtiments se profilaient en tache sombre sur le gris d'argent du ciel, Jean aperçut au bout de sa lunette son père et ses sœurs agitant leurs ceintures en signe d'adieu. La *Rosette* salua d'un coup de canon, comme elle venait de saluer l'*Adventure*, désormais si française; puis le vent la poussant, en une demi-heure elle ne fut plus qu'un point dans l'espace.

Droit à l'horizon, les deux officiers surveillaient la marche montante du gros nuage ardoisé. Au nord-est une demi-douzaine de navires faisaient force de voiles pour gagner un mouillage favorable — à défaut du port — par crainte de ne pouvoir à temps profiter de la haute mer.

« Ça va se gâter, garçon, ça va se gâter, grogna le capitaine.... Si nous en sommes seulement pour un fort coup de vent, nous aurons de la chance! »

Le flot grossissait, d'énormes paquets de mer s'abattaient avec un bruit sourd sur le pont du petit navire, balayant tout sur leur passage. Au loin, du côté de la côte d'Angleterre, de sourds grondements palpitaient dans la brise ; au sud, vers Cherbourg, la nue plus transparente s'allongeait, éteinte çà et là par de perpendiculaires raies grises. La pluie tombait à seaux sur la presqu'île cotentine.

« Ho, ho, de la vigie, cria Lévesque.

— Terre... cap à bâbord, répondit Marius parfaitement acclimaté.

— La Hague, dit le capitaine, comme se parlant à soi-même... Loffe!... »

Le lougre vint au vent, presque complètement couché sur sa hanche bâbord.

« Largue les perroquets, largue les focs...

— Largue les huniers!... »

La mâture de la *Rosette* gémit sous l'effort du vent.

« Serre au plus près la terre, timonier! »

Le bateau vira de bord. Le vent déchaîné soufflait en tempête. L'avant de la *Rosette* plongea si rapidement dans l'eau que Jean crut sérieusement que le lougre, malgré sa légèreté et sa parfaite obéissance à la barre, allait capoter sous l'effort du grain, puis il se redressa et dans une vitesse vertigineuse gagna environ deux cents brasses, soit plus d'une encablure et demie.

« Nous sommes bons maintenant, pensa Lévesque qui alla se placer auprès de Badier, au gouvernail.

Il faut nous mettre à l'abri du vent sous Beaumont, timonier, serre toujours la terre. Avant une heure nous coulerons nos ancres dans le havre de la Fromagerie et nous y attendrons la fin de la bourrasque. Il commanda de carguer toutes les voiles, sauf les focs et les voiles d'arrière suffisantes maintenant, car une nouvelle orientation de la tempête ne paraissait pas à redouter, par une telle direction du vent.

Peu à peu le jour baissait. Une large bande pourpre s'allongeait au nord-ouest. Sous l'indécise et louche lueur du crépuscule, Jean put voir un brick et une goélette jetée à la côte, d'autres navires avaient pu étaler. Seule la *Rosette*, grâce à la hardiesse de sa manœuvre et à son faible tirant d'eau, conservait la faculté de tirer ses bordées dans ces parages dangereux.

Lévesque, appuyé sur le rouf, paraissait néanmoins plus soucieux de minute en minute. Jean s'informa de la cause de ses préoccupations.

« Ah! mon gars, voilà!... avant une demi-heure, il fera noir sur mer comme dans la cale d'un ponton et il nous faudrait encore un brin de jour pour franchir la passe de notre havre de refuge.... » De nouveau il retourna auprès du maître timonier.

« Tu sors de la *Victorieuse*, timonier, tu es donc un vrai matelot....

— On le dit, capitaine....

— Il faudrait « envoyer » vent devant et franchir la passe... faut pas cligner de l'œil, da!...

LÉVESQUE ALLA SE PLACER A LA BARRE AUPRÈS DE BADIER.

— Oh! j'ai jamais louché, capitaine... le flot monte... on franchira!...

— Adieu vat!... commanda Lévesque... Hardi, garçon!... »

Badier mit la barre sous le vent. Vivement, telle une monture bien dressée, la *Rosette* obéit, vira vent devant, présentant son arrière au flot qui la souleva comme une plume et lui fit franchir la passe avec la rapidité de l'éclair. Quelques instants après, elle reposait dans l'eau morte de la crique.

Sur la permission du capitaine, l'équipage put débarquer à la condition de ne pas s'éloigner du bord, de rester sous le sifflet. Un immense rocher surplombant la côte de quelques toises parut aux matelots un lieu parfaitement propice à l'heure de la soupe, une cambuse toute trouvée.

Lévesque, Jean et Badier allèrent chercher un repos bien gagné dans les cabines que le capitaine qualifiait pompeusement : le carré des officiers ! Pendant ce temps le mousse préparait leur dîner.

« Où diable est donc le jeune homme au citoyen maire? demanda soudain Lévesque...

— Ohé!... Marius... Ohé! de la vigie, cria Badier... descends mon gars...

— Nom d'une barque, je l'avais oublié le Provençal, fit le capitaine. » Marius avança au commandement, les mains gourdes, bleuies de froid.

« Assieds-toi là, *Scemonat*, mon vieux *Marcaius*, je ne pense pas que M. le maire se plaindra de ce que je ne m'occupe pas de toi... je ne t'ai pas perdu de vue... t'étais assez haut perché pour ça... rapport à la chose qu'il m'a recommandée. Assez causé, tu vas manger les *fayots* avec nous *Révolat*... t'entends. Et je crois bien qu'il y aura aussi un joli coup de vin à boire!...

— Comme ça, *Marius*, tu n'étais donc pas dans la marine?...

— Mon capitaine, je travaillais à Marseille dans les grains, et comme tous les jours j'entendais dire tantôt : La *Belle-Amélie* a été prise par les Anglais, tantôt les Anglais se sont emparés du *Louqsor* des Gauvin frères, ou bien les Anglais ont capturé le *Canada* de Borelly et Cie... coquin de sort ! je pensais : il faudrait tout de même leur en prendre aussi des bateaux, car à vrai dire j'étais dans les grains sans y être, puisque les grains étaient arrêtés en route par ces chiens-là. Là-dessus, je file à Toulon pour m'embarquer ; la flotte anglaise bloquait le port. Que faire?... Puisque je suis dans les grains, me dis-je, allons tâter un peu de ceux de la Manche, ceux-là, on ne les saisit pas... au contraire... je m'en suis aperçu tout à l'heure, sur mon perchoir... »

Lévesque sourit à cette facétie.

Le mousse avait dressé le couvert et bientôt la soupière fumante exhala une odeur délicieuse à l'odorat des invités.

« Pour lors, mes gars, maintenant que nous voici à bon mouillage, aussi vrai que voilà un poulet rôti à la broche de la maman Lévesque, mot pour mot, je vas vous exposer mon plan pour demain... et vous direz : Fameux!... »

L'ÉQUIPAGE DU LOUGRE ÉTAIT GROUPÉ AUTOUR D'UN BON FEU.

XII

PLAN DE LÉVESQUE

Rien de plus simple et en même temps de plus ingénieux que le plan de Lévesque. Ce plan consistait à employer dans cette première campagne les éléments de succès que le capitaine pourrait trouver sur terre et sur l'eau. Il suffit en effet de jeter un simple coup d'œil sur la carte du nord de la France pour se rendre compte qu'un vaisseau venant de Portsmouth, de Portland ou de Plymouth, — les trois principaux ports anglais ayant barre sur nos côtes de Normandie — doit doubler de près ou de loin le cap de la Hague. Or, pour un marin comme Lévesque, familier dès son enfance avec les moindres méandres de la côte, l'idée de s'embosser dans une crique, bien à l'abri des vents par les hautes falaises, et d'attendre là le moment venu pour fondre sur l'Anglais, devait se présenter la première. Chasseur d'hommes embusqué dans un retrait inaccessible au gibier qu'il traquait, il gardait l'avantage de choisir sa proie tout en se ménageant une fuite possible par terre, en cas d'une lutte trop inégale pour lui. D'ailleurs, le lendemain au petit jour, il examinerait plus en détail la topographie des lieux, se réservant de modifier son plan s'il le jugeait nécessaire. Pour l'instant, on profiterait de la position prise et au lever de la lune on placerait deux vigies sur les roches les plus élevées du rivage, à tout événement.

« Le jeu de l'araignée, observa Marius.

— Tu l'as dit, garçon... rien autre que cela... et c'est toujours l'araignée qui mange la mouche, pas vrai? Qu'en pensez-vous, lieutenant?

— A mon avis le plan est bon, sauf....

— Sauf quoi?

— Voilà. Notre position est excellente, elle offre toute sécurité, j'en conviens, mais le lougre l'a conquise un peu comme un fuyard affolé, disposé à profiter de la première retraite qui se présente, au risque de se casser les reins pour l'atteindre. La *Rosette* repose en sûreté, mais en somme avec cette bande de récifs si audacieusement franchis, son abri m'a tout l'air d'une prison dont elle ne peut sortir qu'à marée haute....

— Juste, ajouta Badier, et pendant la marée basse l'Anglais nous passera devant le nez... le lieutenant a raison.

— Moi, continua le Provençal, s'il m'est permis de parler, je crois au contraire à l'excellence du plan du capitaine, mais je ne me permettrai pas pour cela de prétendre que le lieutenant a tort. Entre les récifs par-dessus lesquels nous avons sauté à cheval sur le flot, j'ai bien vu, pendant que j'étais en vigie sur la hune, une passe assez large pour la *Rosette* et j'ai supposé.... »

Le Provençal parut hésiter.

« Qu'as-tu supposé, matelot? demanda Lévesque.

— ... Eh bien..., j'ai pensé... probable que je vais dire une bêtise....

— Cause toujours, garçon... t'épuiseras pas ta provision, va !

— Donc j'ai pensé que si le capitaine n'essayait pas de la traverser, c'est parce qu'elle est gardée des deux côtés par les roches les plus hautes de la bande de récifs et que la mer était trop démontée pour marcher à coup sûr, tandis qu'en profitant du flot le danger de franchir les plus basses roches paraissait moindre.

— Ceci prouve que tu n'as pas tes yeux dans ta poche, Marcaïus... tu as mis le doigt dessus. J'ajouterai même que je connais encore d'ici à la pointe du cap une jolie demi-douzaine d'anses aussi sûres que celle-ci et d'un abord plus facile en cas de mauvais temps. Nous avons donc l'embarras du choix. »

Peu à peu le vent se calmait. Le flot alourdi par l'accalmie battait faiblement les brisants tout à l'heure fouettés d'écume, le pesant silence s'étendait sur la rade, naguère furieuse sous les mugissements de la rafale déchaînée au crépuscule. Au ciel, promptement balayé par le vent d'est, la lune, alors dans son plein, montait lente et sereine, auréolée de nuages légers, très transparents, agrandissant encore par la diffusion des rayons la douce lueur du phare céleste ; la mer phosphorescente flamboyait au pied des falaises ; au large de rares navires, sombres sur le ciel clair, dormaient, faiblement balancés par les vagues, sur leurs ancres.

« Savez-vous exactement où nous sommes pour l'heure, lieutenant? interrogea Lévesque.

— Dans le parage des Poulinières; je commence à me reconnaître un peu. Au nord nous avons la Fromagerie, à l'est le bourg de Vauville et la ferme des Bruyères dans le dos.

— Juste! Pour lors, si vous n'avez pas trop envie de dormir, nous allons grimper là-haut. Hélez Forneaux qui remplacera Badier et commandez trois hommes seulement pour le quart. En passant nous ramasserons le père Liais, un rude matelot celui-là. Toi, le Marcaïus, je t'emmène. »

Groupé autour d'un bon feu, dont la lande avait fourni l'aliment, l'équipage du lougre écoutait un vieux récit de matelot que lui narrait le père Liais, tout en fumant sa pipe.

Lévesque lui fit signe de le suivre et Forneaux étant retourné à bord avec les trois matelots de quart, le capitaine suivi de son état-major, comme il l'appelait, grimpa lestement un sentier de chèvre aboutissant au plateau de la falaise, le Provençal formant tout seul l'arrière-garde.

Malgré sa subite vocation pour la vie de marin, Marius éprouva une délicieuse sensation de bien-être à fouler un sol moins mobile que le plancher de la *Rosette*, quoique tout d'abord il lui sembla que la terre elle aussi chaloupait sous ses pieds mal assurés, non moins que le petit lougre

La nuit s'épandait radieuse et clémente avec ses gerbes d'étoiles scintillantes sur la mer et sur la lande, où pas un arbre ne se dressait, tant les ouragans y pratiquaient leurs coupes sombres. Sur le plateau l'herbe poussait drue, salée et nourrissante; çà et là de pacifiques groupes de vaches et de bœufs pâturaient malgré le froid vif, aux abords des abris de chaume dont les toits pointus se profilaient sur le ciel.

M. de La Tour engraissait là, sans frais appréciables, de nombreux troupeaux dont la réputation s'étendait plus loin que la région, et il entretenait à la Fromagerie — une sorte de caverne naturelle enfoncée sous la roche, tout au bord de la mer — deux hommes et une femme, dont Benoist et la Granchet, déjà entrevus par le lecteur au dîner donné aux Mielles le jour du baptême de la *Rosette*. Leurs soins se bornaient à traire les vaches et à confectionner les fromages, destinés comme les bandes de bœufs au ravitaillement des navires.

« Fameux observatoire ! » dit Liais en arrivant sur le plateau.

Un vieux portail en ruine, dernier vestige de l'ancienne ferme des Bruyères depuis longtemps abandonnée, se dressait à une centaine de pas.

« Quand je serai de vigie, fit Marius, je me percherai là-dessus. »

Et sans doute pour prendre immédiatement position, le Provençal courut à l'antique porte. A peine avait-il atteint le sommet d'un des piliers qu'il dégringola plus vite qu'il n'était monté.

« Un bateau... un bateau... là... là... » dit-il tout essoufflé en accourant vers ses compagnons, la main tendue dans la direction de la pointe du cap.

Les quatre hommes s'avancèrent vers le portail, mais ne virent pas le moindre navire.

« Tu rêves, garçon, murmura Lévesque.

— Marius a bien vu, répliqua Jean, déjà à cheval sur la crête de l'auvent. Je distingue parfaitement deux mâts... ils semblent piqués comme des croix au bord de la falaise, mais ils doivent en être éloignés au moins d'un demi-mille.... Parbleu, si je les vois !... ils se balancent de bâbord à tribord....

Avançons, fit-il en descendant du toit, dans dix minutes vous verrez aussi bien que moi... le bateau me paraît mouillé non loin de la Fromagerie.

— Silence alors, ordonna Lévesque.... Pour avoir mouillé là, il ne faut pas connaître les fonds... en ce cas... vous comprenez !

— Un Anglais ! grommela Badier.

— On rira un brin... sûr alors ! ricana Liais, car que la crique me croque si un matelot de la côte aurait la fichue idée de passer la nuit dans ces parages.

— Allons, leste... par le sentier de la Fromagerie, les gars !... En avant-garde, cette fois, Marius... à toi l'honneur et armé au poing tous..,. »

Le vaisseau se dessina en effet bientôt tout entier sur le flot vivement éclairé par la lune, juste en face de la caverne, Jean avait bien jugé de sa position.

Les quatre hommes s'arrêtèrent net sur un geste de Marius qui s'accroupit derrière une touffe de genêts

Ses compagnons s'affalèrent à son exemple sur le sol et rampèrent jusqu'à lui.

En un sillage phosphorescent une barque détachée du vaisseau s'avançait vers le rivage ; malheureusement l'état-major de la *Rosette* ne put suivre ses mouvements jusqu'au point probable d'arrivée. Le plateau, étendu en surplomb jusqu'au-dessus de la grotte, cachait non seulement le bord de la mer, mais encore un demi-quart de mille de la surface des eaux. Au bout d'un quart d'heure la barque apparut de nouveau, retournant cette fois au navire. Un grincement, allongé comme une plainte, troubla le silence de la nuit.

« Un moufle, fit tout doucement Badier retenant sa voix, ils jouent de la poulie à l'arrière du bâtiment. »

Un beuglement sourd, cri de détresse d'une vache ou d'un bœuf, traversa l'asmosphère paisible.

« Qu'est-ce que je disais... ils volent le bétail, ces damnés Anglais.

— Chien de filous! gronda le capitaine. »

Une fois encore la barque revint au rivage et disparut sous la falaise à pic.

« Ras du sol... avançons à travers la broussaille », commanda Lévesque, et comme il se redressait à moitié corps, de façon cependant à ne pas dépasser les touffes, il s'aplatit lourdement à terre sous une brusque poussée.

« Tape-à-l'Œil!... c'est Tape-à-l'Œil! » dit Jean.

Le chien, ravi d'avoir retrouvé l'équipage, jeta un aboiement bien vite réprimé par un signe de Jean. Gambadant follement dans les genêts, il courait du lieutenant au capitaine, les gratifiant d'un affectueux coup de langue à chaque saut. Tout à coup il s'arrêta, les oreilles en pointe et la queue basse. Le galop cadencé d'un cheval, d'abord assez faible, mais plus perceptible à chaque foulée nouvelle, se faisait entendre dans la direction de Beaumont. Tape-à-l'Œil allongea le cou et prit sa course.

XIII

LE COUP DU PIÉMONTAIS

Le galop se rapprochait.

« Tout beau, tout beau.... Tape-à-l'Œil... tu fais peur à Cariso.

— La Granchet, murmura Jean... je reconnais sa voix.... »

Cheval et rustique amazone furent bientôt à quelques toises seulement des cinq compagnons.

« Halte! la Marie... c'est moi, Lévesque. »

La Granchet sauta à bas de sa monture.

« Ah! Jésus bon Dieu m'avez-vous t'il fait peur m' n'oncle, je vous croyais ben loin sur la mer... j'vous prenais tous pour les Anglais de la Fromagerie.

— Parle...vite... Qu'y-a-t'il?...

— Ce qu'il y a... ce qu'il y a.... Ah! nous en avons eu une peur, ce pauv' Benoist et moi.... Imaginez que pendant la tempête, j'dis à Benoist....

— Laisse-là Benoist, la Granchet, interrompit Jean, et réponds en peu de mots à mes questions. C'est un anglais, ce bateau-là ?

— Oui, m'sieu Jean... même que c'pauv'Benoist....

— L'équipage est-il descendu à terre ?

— La moité seulement, m'sieu Jean, une douzaine de ces maudits, il n'y en avait toujours pas plus dans la grotte quand j'sis partie pour chercher du secours.... Ah ! j't'en souhaite... du secours !... ils ont pas tant seulement voulu m'écouter à Beaumont, ni à Urville, ni aux Néfliers.... V'là plus de deux heures que j'galope à travers lande et herbages sur le dos de cette pauvr'Cariso, que m'a sellée c'pauv'Benoist.

— Ne t'occupe pas de Calypso ni de Benoist, Marie. Qu'ont fait les Anglais après leur débarquement ?

— Ils ont d'abord, comme de juste, lié le père Rayni avec des cordes, puis c'pauv'Benoist... moi je finissais de traire et je ne savais même pas que ces bandits étaient chez nous... v'là qu'j'arrive avec mes sieaux !... Ah ! que j'fais !.. et mon sang n'fait qu'un tour. — Quoi qu'ils font la tous ces fromages ? me demande un des Anglais, censément le capitaine. — C'est pour emporter sur mer, de la nourriture pour les marins que j'y dis — Bon, qui m'dit, alors on va les emporter.... — Comment qu'j'y dis... les emporter?... C'est pas pour vos museaux, da !... Et v'là qu'ces maudits commencent à trimbaler mes fromages dans leur canot.... Alors, j'me plante d'vant l'grand goddam, barrant la porte : — J'ai pas dit voler, qu'j'y dis... j'ai dit emporter... J'étais d'une colère, pensez m'sieu Jean.... Mais plus j'criais, plus l'English riait et les autres aussi da!... Alors, j'ai partie, comme si j'allais me coucher et me v'là.... Quand on pense qu'ils m'ont ficelé mon pauv'Benoist comme un saucisson de Noël et qu'ils sont en train de boire son eau-de-vie !.. qué mal'heur !...

— Alors, observa philosophiquement Lévesque, les chiens d'ivrognes ne partiront pas avant d'avoir épuisé la provision. Rentre la Marie... nous te suivons.

— Mais, ils vont vous attacher comme ce pauv'Benoist....

— As pas peur, la Granchet, peut-être bien qu'on te fera rire un brin... file en avant et laisse ta Cariso au pâturage... ou plutôt non... attache-la au portail... on peut en avoir besoin. »

La petite troupe se mit en marche, pistolet au poing; par conséquent vingt coups à tirer puisque chaque homme portait un pistolet à deux coups de chaque main. Ils glissèrent, silencieux comme des ombres, jusqu'à l'extrémité du plateau en regardant au-dessous d'eux. Le canot tiré sur le sable avec ses six paires de rames ressemblait à un énorme crabe échoué sur la grève, les pattes étendues. Personne ne le gardait.

« Ils sont encore au grand complet dans la caverne, grogna Lévesque, nous les tenons par le bon bout. »

Revenant sur leurs pas, ils entrèrent dans une sente en pente douce dévalant jusqu'à l'entrée de la grotte; le chemin que la Granchet gravissait deux fois par jour pour aller traire ses vaches.

« Capitaine ! fit une voix derrière Lévesque.

— Qu'y a-t-il, Marcaïus?

— Vous voulez que nous entrions tous les cinq à la fois?...

— Je n'en sais rien encore... on verra en bas.

— C'est que... capitaine... si vous vouliez... j'entrerais tout seul....

— Tu es fou, garçon, répondit Lévesque s'arrêtant de marcher....

— Pas encore... mais tout à l'heure, je ne dis pas.... Un

7

coup à moi, capitaine... je l'ai fait à La Ciotat à une dizaine de Piémontais qui me voulaient du mal et m'attendaient au cabaret.... Si vous vouliez.... Si mon coup manque... vous serez toujours quatre.... Seize coups à tirer ça n'est pas un petit rien....

— C'est grave ce que tu proposes là, Révolat, et si tu y laisse ta peau, dans ton coup?...

— Je l'ai apportée de Marseille tout exprès, capitaine....

— Tu es un brave... marche comme tu voudras... je ne pense pas que M. le maire....

— Mademoiselle, demanda Marius à la Granchet, pourriez-vous me procurer un manteau de berger?...

— V'là la mante que j'ai sur le dos... c'est celle de c'pauv'Benoist... j'ai pris la première venue... pensez.... »

Marius endossa la vaste cape et les compagnons continuèrent à descendre.

Un bruit confus de voix montait de la grotte. Un des Anglais chantait une ronde que ses camarades reprenaient en chœur.

En quelques pas, les hommes de la *Rosette* furent en bas de la sente ; un carré de lumière jaune s'allongeait devant la porte sur le sol battu.

« La Granchet, dit Lévesque, dès que tu seras entrée, place une lumière à l'ouverture de la grotte ; elle les empêchera de nous voir et nous autres nous les verrons mieux.

— Compris, m'n'oncle. » Et elle pénétra dans la Fromagerie, bravement.

Son retour fut salué des plus aimables grognements. Du coup la ronde fut interrompue.

Lévesque, Badier, Jean, le vieux Liais, Marius demeurèrent collés contre les parois affleurant aux lourds battants de la grille. Jean risqua un œil dans l'intérieur de la caverne.

« Treize !... dit-il à voix basse.

— Ça leur portera malheur ! grommela Liais.

— Vous n'avez pas honte, vociférait la Marie, de pinter comme des sans cœur toute l'eau-de-vie de ce pauv'Benoist... tas d'ivrognes.... »

Tout en faisant mine de ranger des poteries sur les étagères garnissant les murs, elle prit une chandelle qu'elle alla poser, toujours maugréant, à l'entrée de la grotte, suivant la recommandation de Lévesque....

« Vous allez-t'il pas vous taire ? piailla Marie... v'croyez p't'être qu'on peut dormir avec ce train-là.

— Hip, hip.... hurra, » hurlèrent les Anglais enchantés de voir la belle fille si courroucée, et chacun de tâcher de l'attirer à soi, de l'embrasser....

Marius, le cœur un peu ému, bien enveloppé dans son manteau, fit alors son apparition dans l'honnête caverne devenue subitement repaire de voleurs.

Lévesque et Jean, plus lestes que leurs deux compagnons, profitèrent du moment où Marius cachait la lumière pour sauter de l'autre côté de la porte. Ainsi placés deux par deux, à droite et à gauche de la baie, l'attaque leur devenait plus facile et plus efficace. Qu'allait faire ce diable de Marius ?

« D'où sort cet animal-là, la fille ? » demanda le capitaine anglais qui parlait assez intelligiblement le français.

Le Provençal avançait, se dandinant sur ses hanches, tournant sur lui-même avec de grands coups de talon pour accompagner une complainte de son pays qu'il braillait à tue-tête.

« Ça !... répondit Marie échappant aux matelots, ça c'est... c'est Jean-Pierre, je cré bien.... L'jour aux mauvaises rencontres, à m'n'avis....

— Un fou ?....

— Ah! j'en sais rien... demandez-y.... »

Marius virait de plus belle, le sourire béat de l'idiot sur les lèvres.

« Lunatic!.. fit le capitaine.

— Lunatic, » répétèrent les Anglais, s'apprêtant à s'amuser de l'innocent.

Toujours tournant comme un derviche le long des tables, geignant sa complainte, Marius arriva devant l'âtre où le père Rayni et Benoist, ficelés solidement, gisaient accroupis près des tisons. Il se livra à mille singeries devant eux et finit par allonger un coup de pied dans les jambes du pauv'Benoist.

La Granchet accourut au cri poussé par le jeune fromager.

« Coupez les cordes, vite... ne crie donc pas, imbécile! »

Marie eut tôt fait d'exécuter l'ordre donné à voix basse, tandis que le soi-disant fou essayait de l'embrasser et qu'elle le repoussait avec indignation.

Ce spectacle amusait fort l'assistance, retournée à ses pichets.

« Où veut-il en venir? » se demandait Lévesque.

Son attente ne fut pas longue. Tout à coup, en passant derrière le capitaine qui, pour la dixième fois peut-être, levait son verre en l'honneur de la vieille Angleterre; le fou, d'un geste rapide, lui jeta son manteau sur la tête, et serrant étroitement sa capture sur sa poitrine, paralysa ainsi l'effort des bras de l'Anglais embarrassés dans les replis du manteau. Marius présentant le corps du capitaine à l'équipage anglais comme un bouclier protecteur, lâcha deux coups de pistolet. Deux hommes tombèrent en face de lui, le nez dans leur pichet.

« Tue, tue..! pas de quartier à ces voleurs, » hurla Lévesque debout sur le seuil de la porte, et successivement il déchargea ses pistolets sur les matelots stupides devant cette brusque attaque.

Liais, Badier et Jean tirèrent ensemble. Sur treize hommes, cinq seulement restaient debout.

« Je me rends, criait le capitaine suffoqué sous la rude

LE PROVENÇAL TOURNAIT SUR LUI-MÊME.

étreinte du Provençal ; au nom de Dieu, ne tirez plus... je me rends !... »

Benoist devenu enragé s'escrimait de son mieux sur la tête des blessés avec son lourd tabouret de vacher ; le père Rayni pleurnichait des : C'est y Dieu possible !... sans participer au combat et multipliait sur sa poitrine les *mea culpa* d'une main tremblante.

« Lâche-le, Marcaïus, » dit Lévesque en s'avançant vers le capitaine anglais, et il le débarrassa prudemment des pistolets passés sous sa ceinture.

A ce moment un coup de feu partit du dessous d'une table où un trio d'ivrognes, sanglants sous leurs blessures, gisaient lamentables.

« Paix! chiens, ne tirez plus, cria l'Anglais que le Provençal venait de délivrer de sa lourde prison de drap... vous allez nous faire tous massacrer. »

Jean porta la main à son épaule. La balle lui avait traversé le bras. Benoist se précipita vers la table d'où le coup venait d'être tiré, le bras en l'air, brandissant son escabelle, avec l'intention bien arrêtée de mettre définitivement les récalcitrants hors de nuire.

Lévesque lui ordonna de jeter à terre cette masse d'arme dont il savait si gaillardement se servir.

Il y eut un assez long moment de silence.

Le capitaine anglais haletant, la face empourprée par ses efforts pour se délivrer de la rude étreinte de Marius, regardait d'un œil effaré sous les bancs des murs ses hommes ivres morts, et quelques-uns morts ivres.

De larges plaques de sang coulaient sur les tables, délayées par l'eau-de-vie renversée pendant la bagarre et retombant sur la terre battue avec le bruit clair d'une source.

Badier examina la blessure de Jean; elle ne présentait rien de grave. La balle traversant obliquement le gras du bras avant de s'aplatir sur le mur avait décoiffé le père Liais qui paraissait très diverti par l'aventure.

« Faut jurer de rien, grommela-t-il... moi qui avais fait le serment de ne jamais saluer un Anglais!... »

Lévesque, un peu surpris par la rapidité de l'attaque et le succès qui l'avait suivie, ne songeait même pas à féliciter le Provençal de sa présence d'esprit et de sa bravoure, auxquelles on devait un aussi brillant résultat. L'honneur de ce premier résultat lui revenait et, pour un débutant, le coup était de force.

Très calme, Marius rechargeait ses pistolets qu'il donna à Lévesque en échange des siens dans lesquels il versa aussitôt poudre et balle.

« Tu penses à tout, matelot. Elle fait de rudes gas, ta Provence. »

Il serra la main de Marius dans sa main calleuse.

Benoist et la Granchet, à gauche de la caverne, tiraient par les pieds les matelots anglais tombés sous les balles.

Leur capitaine fit quelques pas vers Lévesque.

« Bien joué!... par le ciel, bien joué!... lui dit-il. Vous êtes officier français, sir.

— Mes épaulettes vous le disent, capitaine.

— Eh bien, vous pouvez vous vanter d'avoir dans votre équipage un homme moins bête que moi.... Quand on pense que je n'ai pas eu l'idée de demander à ces ivrognes s'ils n'avaient laissé partir personne de cette diablesse de cave, pendant que j'étais à mon bord!... Triple brute!...

— On ne pense pas à tout, capitaine....

— Vous permettez que j'achève mon verre de rhum.... Allons, cria-t-il en élevant sa main : A la libre Angleterre... et à ta santé, mon brave, fit-il en se retournant vers Marius.

— A la vôtre! capitaine.... On ne boit pas avec l'ennemi, mais on peut répondre à la politesse d'un prisonnier ; cela n'engage à rien et, la paix une fois faite, on a plaisir à se rappeler qu'on a trinqué ensemble, n'est-ce pas, capitaine? Donc, à la vôtre, et souvenez-vous du bon tour que je vous ai joué, comme je m'en suis souvenu moi-même.... Le coup du Piémontais!.. bon coup!... je vous le recommande.... je l'ai essayé pour la première fois à la Ciotat sur des têtes plus

calmes que les vôtres, il a parfaitement réussi... il réussit
toujours....

— Fameux, le coup des Piémontais, fameux Marcaïus... ton,
oncle sera content, da!... »

BADIER ARRONDISSAIT DE GRACIEUX NŒUDS COULANTS.

XIV

COMMENT ON CAPTURE UN VAISSEAU A PIED SEC

Le capitaine de la *Rosette* escorté de ses quatre compagnons, après avoir conduit l'Anglais et ses matelots dans la laiterie dont ils barrèrent solidement la porte, revinrent sur le lieu du combat pour tenir conseil.

Marius, quoique novice dans le métier, en raison de l'intelligence et de la bravoure dont il venait de donner une preuve si éclatante, fut admis par Lévesque à l'honneur d'émettre son avis, une seconde fois.

Fallait-il oui ou non retourner au lougre pour profiter du désarroi probable du reste de l'équipage demeuré au bord de l'ennemi, puis l'attaquer immédiatement, puisque la nuit était claire et le vent favorable ?

Le quartier-maître affirma que la prudence le commandait. Jean partageait cette opinion. Pour lui il paraissait hors de doute que les hommes privés de leur chef se rendraient à la première sommation.

« Rien ne presse... patience... faut pas se hâter, dit Liais.

— Je ne le crois pas non plus, fît Lévesque, après un moment de réflexion. J'ai même la certitude que notre arrivée serait saluée par une jolie bordée de coups de canon. Que je perde mon nom si cet Anglais, à qui l'on donnerait ses papiers du bord sur sa bonne mine, n'est pas un négrier revenu en Angleterre pour embarquer les marchandises avec lesquelles il paye son « bois d'ébène ». Eh bien, garçons, ces gaillards-là ne se rendent pas ; ce sont des forbans, j'en conviens, mais ils valent par leur courage le meilleur d'entre nous. Secundo, les falots allumés, que vous pouvez voir d'ici aller et venir sur le pont, vous prouvent que nos gaillards ont été mis en alerte par les coups de feu et qu'ils prennent les mesures en conséquence. Voilà !... conclut Lévesque.

— Vous avez raison, incontestablement, capitaine, fît Jean.

— Seulement, ajouta Badier, ce sera demain tout pareil... et alors....

— Moi, j'ai bien une idée, risqua timidement Marius... mais elle n'est peut-être pas praticable....

— Dis toujours, garçon....

— Si, par exemple, on prenait le bateau d'ici. »

Lévesque se frotta joyeusement les mains, et un rire silencieux fendit sa bouche édentée jusqu'aux oreilles. Liais guigna Marius.

« J'ai dit une bêtise, soupira le Provençal.

— Au contraire, « Moco », tu brûles... tu brûles.... Et comment t'y prendrais-tu pour capturer le négrier sans déranger la *Rosette*?

— Rien de plus simple, puisque je n'ai pas dit une bêtise.

Si j'étais le capitaine Lévesque, je dirais à Marius : Marius, mon
brave, file avec le quartier-maître jusqu'au lougre, descends
gentiment un de ses canons dans la chaloupe, avec une bonne
provision de
munitions et
r e v i e n s -
nous vite,
mon bon....
On canarde-
r a i t l' A n-
glais....

— F a -
meux ! » s'é-
cria Badier.

« Pas mal !
approuva le
père Liais.

— Admi-
rable ! » ré-
pondit en
même temps
Jean de La
Tour à cette
proposition.

Un accès

de convulsive gaîté s'empara de Lévesque ; il se tordait positivement de rire sur son bout de banc, en se tapant les côtes :

« Ah ! ce Marius !... ça fera un fameux matelot... les gredins
ne riraient pas, pour sûr !...

— Alors, capitaine... nous pouvons y aller ? demanda le
« Moco » en se levant.

— Tiens-toi tranquille, garçon, fit vivement Lévesque en ravalant son rire... j'ai mieux que ça, quoique ton idée soit bonne tout de même. Va me chercher ce failli chien d'Anglais.

— Capitaine, dit-il, lorsque l'Anglais fut devant lui, nous vous tenons bien, ce qui est quelque chose, mais nous ne tenons pas encore votre bateau, ce qui est l'essentiel.

— Et nous voudrions bien avoir votre avis sur .e meilleur moyen de nous en emparer, ajouta Marius devenu facétieux tout d'un coup.

— L'enfant l'a dit... que feriez-vous à notre place, capitaine?

— A votre place, je m'en retournerais par où je suis venu, et vite encore, si je tenais à ma peau.

— Et la raison, s'il vous plaît? demanda Jean.

— Parce que, demain matin, je vous ferai tous pendre.

— A moins que nous ne vous pendions quelques heures avant, capitaine, dit tranquillement Lévesque; j'y ai déjà pensé. Seulement, comme tôt ou tard le joli métier que vous faites vous passera sûrement une amarre sous les oreilles, je préfère vous laisser vivre encore un bout de temps... à une condition....

— Laquelle?

— A la condition de donner l'ordre à votre second de nous remettre presto le navire. »

L'Anglais haussa dédaigneusement les épaules.

« Ma proposition n'a pas l'air de vous aller, capitaine... vous ne répondez pas... en ce cas, nous prendrons votre trois-mâts sans votre aide, pas vrai, Marius? Hé! Badier, prépare donc quelques filins pour pendre ces messieurs devant leur capitaine. Aide-le, Liais.... »

Pas un muscle ne tressaillit sur le visage de l'Anglais. Les captifs attachés chacun les mains derrière le dos furent amenés par Marius au milieu de la grotte. Sept étaient restés vivants.

Badier arrondissait en véritable artiste de gracieux nœuds coulants. Lévesque les leur montra, puis portant sa main à son cou, et tirant ensuite de haut en bas une corde imaginaire, il leur fit comprendre mieux que par le plus beau discours le sort qui leur était réservé.

« Cause un peu avec le capitaine, Marius, pour qu'il ne s'ennuie pas pendant que notre ami Badier achève son petit travail.... Dis-lui donc que nous arrêterons de pendre quand il consentira à se rendre à nos bonnes raisons. Commence par le plus vieux, Liais.

— Vous pouvez les pendre tous si le cœur vous en dit, du diable si jamais le capitaine Hutchins vous livre lui-même son navire.

— Lieutenant, dit Lévesque, annoncez à ces coquins qu'ils doivent se préparer à la mort. »

Cette invitation ne parut pas du goût des sept hommes. Ils se jetaient aux pieds du capitaine de la *Rosette*, embrassaient ses genoux, l'imploraient d'une voix suppliante. Un nègre surtout, qui paraissait être le cambusier de l'équipage, poussait des hurlements lamentables.

Jean, dominant ce vacarme, leur dit que la vie de tous dépendait d'Hutchins ; il n'avait qu'à rendre son navire.

Alors, ce fut un changement à vue. Les neuf hommes prièrent d'abord l'Anglais, le conjurèrent de leur sauver la vie et, Hutchins restant impassible, ils firent un mouvement pour se précipiter sur lui, malgré leurs entraves. Jean, ses deux pistolets braqués sur la bande, les tint en respect. Sur l'ordre de Lévesque, le capitaine anglais fut réintégré dans la laiterie.

Les matelots anglais crurent leur dernière heure arrivée.

Soudain le nègre, gesticulant comme un singe, s'avança

vers Lévesque en montrant une double rangée de dents éblouissantes dans un rire bruyant, puis il se mit à danser, à tourner comme une toupie.

« Bon!... grogna Lévesque, en voici un que la peur a rendu fou.

— Non, non, massa... moi pas fou... pas lunatic négro!!! moi rire parce que moi pas pendu!... Et il recommença de plus belle à virer. Marius le rappela à une meilleure tenue par un coup de pied au derrière.

— Pardon, massa..., pardon... mais moi si content, si *very* content pas être pendu... que moi danser....

— Allons, parle... qu'est-ce qui te prend de faire le singe?

— Voici, cap'taine... moi prendre chaloupe, là-bas, chaloupe anglaise, aller trouver équipage puis amener tous matelots ici... alors, Français prendre bateau sans tirer coup de fusil... plus personne à bord!.. plus personne. Le nègre enchanté de son projet esquissa un nouveau pas d'allégresse.

— Enfin! soupira avec satisfaction Lévesque, ils finissent par y arriver. Ceci, mes gars, c'est la première partie de mon plan. La suite sera bien plus drôle encore. Que penses-tu de ma combinaison, Marius?

— Elle vaut mieux que la mienne, je l'avoue. Recevoir au lieu de prendre... c'est plus flatteur.

— Tu n'y est pas, garçon. Je tenais simplement à ne pas abîmer le bateau. Voilà le fin mot. Nous le ramènerons à Cherbourg, tout paré... comme une jeune mariée. Toi, le négro, tu vas être accompagné de ce camarade-là, et si tu as la moindre intention de trahir, voici à sa ceinture une paire de pistolets qui t'empêcheront à tout jamais de recommencer.

— Toi tranquille, cap'taine... moi ni Anglais, ni Français,

moi fais rien bateau à cilui-ci ou cilui-là, moi négro, peau noire moi, mais tenir beaucoup à elle, comprends?...

— Compris! mal blanchi.... Ne le perds pas de l'œil, Marius... tu sais, garçon, c'est la recommandation du citoyen maire. »

Le nègre avait fait demi-tour, mais sans doute cette peau noire ne voulait pas être soupçonnée de trahison possible, car l'Africain, pirouettant sur ses talons nus, vint se planter une fois encore devant le capitaine du lougre.

« Ça pas bon, cap'taine, dire li mettre l'œil sur négro. Négro toujours battu par English, négro pas pendu par Français; négro toujours ami avec Français.... Bon esclave négro, bon meilleur encore avec Français, massa.

— Les Français ont aboli l'esclavage. négro... au retour, on te fera prisonnier... comme un homme libre, répondit Lévesque sans y entendre malice. »

Le nègre sauta de joie : « Bon ça.... Bon ça... li meilleur ça !...

« Li Français plus d'esclaves !.. plus d'esclaves. Lis autres à Bombay l'avaient dit à moi, mais méchant cap'taine english, dire pas vrai.

— C'est cependant comme ça, mon vieux, et si tu ne nous joues pas un mauvais tour, je t'embarque à mon bord à 50 livres par mois, au lieu de te livrer aux autorités « conséquentes. »

Lévesque pensait « compétentes » mais sa pensée n'était pas toujours d'accord avec le mot propre.

« Allais, marchais, les enfants, je vas vous aider à mettre la chaloupe à flot et vous faire la leçon en route. Lieutenant, ramenez ces hommes en prison ; isolez-les de leur capitaine et toi, Badier, veille au grain, jusqu'à mon retour. »

Les matelots anglais se ruèrent pour ainsi dire vers la porte qu'ils venaient de franchir peu d'instants auparavant. La dureté de son sol leur paraissait infiniment préférable à l'élasticité d'une corde.

« Lieutenant, demanda en anglais un des matelots qui au cours de la scène précédente avait paru posséder une certaine autorité sur ses compagnons, croyez-vous sérieusement que nous nous en tirerons?... On est bien fait à l'idée de mourir dans notre métier, vous savez ça comme moi.. mais quand on a encore dans l'œil le rond de filin qui a failli nous servir de cravate... on est bien aise de savoir qu'il n'en sera plus question... pas vrai? »

Jean assura à tous qu'à moins de trahison du négro, ils auraient la vie sauve et seraient traités en prisonniers de guerre.

L'équipage se rasséréna subitement. Tous savaient par les récits de leurs camarade échappés des prisons de France que le plus dur de nos bagnes pouvait être comparé au paradis à côté dés pontons anglais. Jean referma la porte sur les prisonniers, et revint ensuite dans la salle où les Anglais avaient été surpris par l'avisé Marius.

Sur les six hommes qui étaient tombés sous les balles des pistolets, un seul avait été frappé à mort. Celui-là toujours assis, mais renversé contre le mur, tenait encore de sa main appuyée sur la table son verre entre ses doigts. Pour ne pas voir le trou sanglant qui lui faisait comme un œil rouge au milieu du front, Jean ramassa le chapeau du matelot et l'en coiffa, rabattu sur les yeux. Le mort avait tout l'air, de la sorte, d'un homme ivre endormi, tant sa pose était naturelle, la main encore serrée sur son verre vide. En face de lui, deux de ses camarades tombés le nez en avant sur leurs assiettes complétaient ce tableau d'une fin de ripaille. Tous deux ronflaient quoique blessés.

« Tiens, tiens, murmura Jean, voici que les idées me viennent, tout comme à Marius.... Ohé! Badier... un coup de main par ici! Eh! Liais. »

Badier accourut, ainsi que le père Liais.

« Aidez-moi à asseoir ces trois autres ivrognes.

— On va donc jouer la comédie, lieutenant?

— Oui, quartier-maître, en l'honneur de ceux qui vont arriver tantôt. »

XV

PRIS AU PIÈGE

Lévesque rentra en se frottant les mains.

« Le trois-mâts est à nous, sans avoir à tirer une cartouche de plus, s'écria-t-il en prenant les mains de Jean. On peut compter sur le négro! il est fin comme l'ambre, et maintenant qu'il se sait libre sur la terre de France il sera fidèle... d'ailleurs, ça ne lui serait pas commode d'être autrement.... Tiens! fit-il en apercevant la demi-douzaine de buveurs, faut ranger ça, garçon.... Oust les ivrognes, debout!... et plus vite que ça.

— Ils ne vous entendent pas, capitaine. L'un, celui-ci, en face, est mort; les cinq autres sont ivres et grièvement blessés Je les ai accommodés de la sorte, pour servir d'appeau à ceux qui vont arriver.

— Fameux! grommela le quartier-maître.

— Nom d'une barque en carène! garçon..., je m'y suis laissé prendre, moi un vieux loup de mer. Ils vont défiler dans la fromagerie, les autres, comme des moutons dans un parc.

— C'est ce que j'ai pensé, capitaine.

— Faut compléter la chose. Hé! Benoist.... Par ici, père Rainy; amène-toi, la Granchet.... Présents tous!... Ça va bien.... Ficelle-moi ces trois Normands, Badier, et installe-moi le tout, bien en pleine lumière, à l'entrée de la grotte. Toi, Liais, veille à la porte.

— V'là-t-il pas qu' vous n'allez aussi m'entraver comme un bouvillon, s'exclama Benoist tout épeuré.

— Oui, garçon, on va t'amarrer comme une vache loin de son veau.... C'est pour faire croire aux autres de l'équipage anglais qui vont arriver.... Tu comprends... c'est pour de rire, glissa Lévesque dans l'oreille du fromager. Dis rien au père Rainy, j'ai besoin qu'il gueule. A vot'tour, père Rainy, tendez vos pattes.

— Jésus, Marie, Joseph!... C'est-y Dieu possible!

— Dites rien, père Rainy.... C'est pas pour longtemps... le temps de charger les fusils pour vous loger qué'ques balles dans la peau!... Ce sera pas long, allez... criez donc pas, vous s'rez servi!

— A ton tour, Marie. Serre pas trop fort la Granchet, quartier-maître... ça a la peau fine, ces jeunesses.

— Je peux t'y m'asseoir près de ce pauvre Benoist?

— Sur ses genoux si tu veux, mais piaille ferme quand tu verras défiler ces faillis chiens qui vont pas tarder à arriver.

— Capitaine, capitaine... la barque revient... tous ont embarqué sauf deux hommes, s'écria Liais en accourant hors d'haleine. J'ai suivi la manœuvre.... C'est Marius qui barre.

— Parfait!... Attention, la Granchet... tu sais ce que je t'ai dit. »

Marie commença à geindre, doucement d'abord, puis un peu

plus douloureusement. Le père Rainy n'avait pas encore vu la Granchet.

« C'est-y vrai, qu'on va te fusiller aussi, la Marie?...

— Héla! oui, mon pauv' père Rainy, m'sieu Lévesque l'a dit....

— M'sieu Lévesque, Jésus! Bon Dieu!... Not' Dame de Délivrande! c'est-y Dieu possible, qu'un homme comme m'sieu Lévesque....

— Vous plaignez pas, père Rainy, vous aurez pas l' chagrin d' nous voir mourir, vous... c'est par vous qu'on commence... pas vrai, Benoist?...

— J' cré ben.... C' père Rainy, il a toujours eu d' la chance!... »

Le désespoir du bonhomme ne connut plus de bornes. Une demi-douzaine de porcs n'auraient pas fait plus de vacarme sous le couteau du tueur.

La barque venait d'aborder.

Les hommes descendirent, et sous la conduite du négro, qui prit aussitôt la tête de la colonne, ils accoururent au pas de course aux appels désespérés des trois Normands.

Lévesque s'était tapi dans l'ombre d'un côté de la porte, Badier de l'autre. La fromagerie fermait par une forte grille de fer entre-croisée. Jean et Liais, sur l'ordre du capitaine de la *Rosette*, coururent se placer au fond de la salle, derrière un tas de fromages empilés que les Anglais n'avaient pas eu le temps d'embarquer.

L'ordre était de tirer d'abord deux coups en l'air, lorsque à travers la souricière refermée Lévesque crierait : *Rendez-vous*! Si les nouveaux débarqués ne jetaient pas les armes, Jean et Liais devaient viser dans le tas et utiliser de leur mieux leurs deux autres coups; mais Jean avait mieux à faire encore, ayant prudemment passé à sa ceinture les deux pistolets de Hutchins.

La troupe excitée par le négro passa comme une trombe.

Immédiatement les deux battants de la grille se refermèrent sous la vigoureuse poussée de Lévesque et du quartier-maître. Deux tours de clef firent la bande prisonnière.

Au choc des deux battants, au grincement de la serrure, les nouveaux arrivants se retournèrent, tout effarés.

« Rendez-vous! vociféra Lévesque.... Rendez-vous, ou vous êtes morts. »

Une balle partit de derrière le tas de fromages et décoiffa l'un des hommes.

C'était bien tirer en l'air, puisque le chapeau dépassait la tête du personnage visé. Jean se maintenait dans le programme.

« Bas les armes! » cria de nouveau le capitaine, et, pour appuyer cette invitation, Badier lâcha deux coups de pistolet, tandis que Jean et Liais lui donnaient la réplique derrière leur abri.

Ces coups de feu répercutés par les parois de la grotte sonore, en ce profond silence de la nuit, partant simultanément du fond de la vaste salle et de la porte d'entrée; l'immobilité spectrale des buveurs dont l'un réveillé de sa torpeur par la fusillade essaya de se lever pour tomber comme une masse, la figure ensanglantée, glacèrent le courage des plus résolus. Le négro s'était prudemment arrêté à la porte et criait au travers des barreaux: « Vous plus battre négro... English mauvais.... » Ils comprirent alors qu'ils étaient trahis et jetèrent leurs armes devant eux. La Granchet fort à propos se trouva sur ses deux jambes, et repoussa en quelques coups de pieds couteaux et pistolets sous la table. Lévesque ouvrit alors la grille et, suivi de Marius et de Badier, s'avança vers les nouveaux prisonniers, pistolet au poing. Le négro détacha Benoist et la Gran-

« RENDEZ-VOUS ! » VOCIFÉRA LÉVESQUE.

chet, qui valait certainement un homme et enfin le père Rainy redouté seulement des veaux en sevrage, le pauvre homme!

Avec Jean et Liais, qui avaient abandonné leur pile de fromages, cela constituait une troupe de huit hommes armés — y compris Marie — contre douze pauvres hères suant la peur. En un tour de main, ils se trouvèrent ficelés à leur tour et envoyés rejoindre leurs compagnons de bord dans la laiterie.

« Ça y est! s'exclama Lévesque en fermant la porte sur le dos des captifs. Combien reste-t-il de ces rats à bord?

— Deux seulement, capitaine. Le charpentier couché dans son hamac, paraît-il, blessé en travaillant d'un coup de bisaiguë, et le mousse à qui on a ordonné de rester. Ah! il leur en a raconté une d'histoire, ce sacré farceur de négro... j'ai cru qu'il s'en noierait la moitié tant ils s'empressaient pour arriver premiers à l'échelle.... Satané mal blanchi!... on le croirait de Marseille, foi de Raymonat!...

— Oui cap'taine, moi avoir dit à English... beaucoup Français prisonniers... rhum, champagne, poulet, cochons, roatsbeef,... eux courir comme singes au cocotier. Vous content?

— Très content... je te garde pour moi... comme part de prise; tu nous feras la soupe à bord et personne ne te battra. »

Lévesque alla ouvrir la porte du réduit où le capitaine avait été enfermé. Il le conduisit devant son équipage au grand complet, garrotté.

« Q'en pensez-vous, capitaine?

— Vous avez employé la trahison....

— La trahison s'est offerte, monsieur Hutchins, interrompit Jean; au surplus nous n'aurions eu aucun scrupule de la solliciter. On ne fait pas de chevalerie avec un négrier qui utilise ses loisirs à voler des fromages tout en livrant bataille à des vaches.

— En temps de guerre, répliqua l'Anglais, tout est permis.

— C'est ce que ces messieurs ont pensé comme vous, signor Inglese, ajouta le Provençal.

— Sachez au reste, continua le lieutenant, que fussiez-vous demeurés tous à bord, nous vous capturions demain. »

Lévesque acquiesça de la tête; Hutchins sourit d'un air de mépris incrédule.

« La mi-nuit est dépassée, monsieur Hutchins; eh bien, dans quelques heures, votre navire sera couché sur le flanc!...

— Enfin!... tu as donc compris, matelot, s'écria Lévesque en serrant la main de Jean dans ses mains calleuses.... Oui, capitaine, l'enfant dit vrai. Hier à la haute mer, vous avez cru mouiller sur un havre profond et vous avez tout bonassement échoué sur un lit de roche que le flot montant vous cachait. Qu'est-ce que vous voulez! tout le monde ne connaît pas la côte comme le vieux Lévesque. Vous m'en direz des nouvelles à l'aurore. Je tenais à prendre votre navire sans lui trouer la carène. Ça marche dur, un négrier; c'est léger, bien évidé, solide sous la tempête, et nous avons besoin de bateaux armés en course pour vous donner la chasse.

— En Angleterre, on pend les corsaires.

— En France, on traite de même façon les négriers, mais j'obtiendrai qu'on vous tienne seulement à l'ombre parce que vous n'avez pas voulu rendre votre bateau et que moi j'aime ça.... A présent, si cela vous plaît de coucher à votre bord, on peut vous conduire... vous nous en ferez les honneurs demain. »

De point en point la seconde partie du programme du capitaine de la *Rosette* se réalisa. A marée basse, le trois-mâts se trouva couché sur tribord, mais les vainqueurs en prirent possession tout de même. Tape-à-l'Œil que le tapage de la nuit avait retenu à la Fromagerie eut l'honneur et surtout l'adresse d'en franchir le premier les bastingages. A marée haute, on embarqua les Anglais prisonniers sous la conduite de Badier, qui prit la barre du trois-mâts. La *City of Manchester*, — c'était le nom du vaisseau si bizarrement capturé, — filait par bonne brise ses douze nœuds à l'heure comme la *Rosette*. Elle le précédait seulement de quelques brasses quand elle entra dans Cherbourg.

Le pavillon britannique avait été hissé sur l'ordre du quartier-maître à bord de l'anglais. En passant devant le Fort Royal, sur deux coups de canon de la *Rosette*, le pavillon fut amené et une flamme aux trois couleurs prit sa place.

Dire de quel enthousiasme cette rentrée fut saluée par la foule ne serait guère possible. Pendant huit jours, l'équipage du lougre fut fêté, harangué, surtout abreuvé sans relâche.

Le citoyen maire fut au nombre des plus enflammés acclamateurs.

« Votre Marius Raymonal a plus fait que nous tous, citoyen maire, merci de me l'avoir confié... je ne l'ai pas quitté de l'œil, pas vrai, Marius?...

— Pas un instant, capitaine! »

— Dame, c'est un gaillard solide et un malin compère, M. le Maire. L'enfant vous fait honneur et je comprends que vous ne vous en soyez séparé qu'avec peine. Des neveux de ce calibre... il n'en pleut pas.

Le maire, quoique bien étonné, prit bien vite Marius à son compte, puisqu'il triomphait. Il poussa même la bienveillance jusqu'à lui demander des nouvelles de son père et de sa mère aussi, tout comme s'il avait quitté la huitaine

d'avant ces bonnes gens de Provence. Il invita Marius à
dîner, le prit sous son bras pour montrer orgueilleusement à
ses concitoyens son ami! le héros du jour. Cette fantaisie lui
coûta une centaine de livres que Marius lui emprunta comme
à son protecteur le plus cher.

XVI

LE LIEUTENANT RAYMONAT VOYAGE

Au retour d'une nouvelle et victorieuse sortie de la *Rosette*, Marius Raymonat fut débarqué blessé au bras gauche d'un coup de feu, blessure légère, mais suffisante pour le tenir hors de combat pendant quelque temps. Le Provençal s'était brillamment distingué à l'abordage d'un brick anglais et le récit de sa conduite, consigné par Jean de La Tour sur le livre du bord, fut si élogieux que le citoyen Desmeillets vint en grand apparat lui apporter sur son lit d'hôpital les épaulettes de sous-lieutenant.

La *Rosette* avait repris la mer lorsque Marius se retrouva sur pied. L'inaction à laquelle ce départ le condamnait donna au commissaire extraordinaire la pensée de l'attacher à sa personne. Marius accepta d'enthousiasme; il prévoyait un avancement plus rapide à servir sous les yeux de Desmeillets. Il ne savait rien des choses de la mer. Le courage et le sang-froid dont il avait donné déjà la preuve le feraient bien mieux remarquer sur terre, tandis que son ignorance absolue de la conduite d'un navire le reléguerait pendant longtemps dans les emplois subalternes.

Un mois après sa nomination, nous retrouvons Marius muni d'un congé en bonne et due forme, voyageant à cheval sur la route de Saint-Gely-du-Fese, à quelques lieues de Montpellier. Une lettre de sa sœur parvenue à l'hôpital pendant sa courte convalescence a motivé ce voyage, et si nous le suivons dans ces pérégrinations c'est parce que, au cours de cette entrevue, nous apprendrons certains faits intéressants, étroitement reliés à la première partie de ce récit.

Parvenu au pied des derniers contreforts des Cévennes, Marius s'informa auprès d'un paysan de la route à suivre pour gagner le Castellet de la Lauzette.

« Vous allez chez Mme Sijean, mon officier..., c'est tout droit. Arrivé à un petit pont, vous trouverez à gauche une allée de mûriers, le château est au bout. »

Le Castellet de la Lauzette était une de ces nombreuses constructions comme l'on en voit tant dans le bas Languedoc, où l'usage qualifie de castel la plus modeste gentilhommière à toit de tuiles rousses.

Lorsque l'officier se fut engagé dans l'allée de mûriers qui conduisait au castel, il aperçut au bout de l'avenue deux jeunes femmes assises devant la maison. L'une d'elles en entendant le bruit des pas du cheval se dressa vivement et rentra dans la maison, tandis que l'autre se levait non moins précipitamment pour venir au-devant du cavalier. Que signifiait cette visite?

Elle poussa un cri de joie en le regardant, quand elle ne fut plus qu'à quelques pas de lui.

« Marius!... toi!

— Moi-même, ma chère sœur, ma Josette, fit notre ami Raymonat en sautant lestement de sa selle pour serrer sa sœur dans ses bras ; ce beau costume semblait annoncer une plus belle visite, n'est-ce pas?

— Oh! il nous a fait grande peur, au contraire.

— Peur!...

— Oh! si tu savais... si tu savais, Marius.... Tiens, embrasse-moi encore, et laisse-moi courir jusqu'à la maison pour rassurer la comtesse.

— Ne la verrai-je donc pas?

— Tu la verras ; mais il faut d'abord que je te parle.... Ah! il s'en est passé chez nous des événements depuis ton départ de Provence. Tous les malheurs ont fondu sur nous, mon pauvre Marius! Entre dans la serre en m'attendant. Je serai bientôt toute à toi. »

Marius attacha son cheval à un arbre et s'assit sur un escabeau. Son attente ne fut pas de longue durée. Au bout de quelques minutes, la jeune femme avait rejoint son frère.

« Chère petite sœur, dit Marius en l'embrassant encore, ma bonne Josette, tu as parlé de malheur... alors tu comprends... je n'ose plus te demander des nouvelles de personne. »

La jeune femme éclata en sanglots.

Marius lui prit la main qu'il garda tendrement.

« Je suis seule au monde maintenant, Marius... mon mari assassiné à côté du comte dans cette horrible boucherie de Toulon, ma fille, ma gentille Lucienne, morte en deux heures dans mes bras d'une attaque de croup, et sans la bonté du marquis de Maillargues, le frère du comte, nous serions, la comtesse et moi, sans asile et sans pain. C'est lui qui nous a fait avoir sous de faux noms les papiers nécessaires pour quitter sans être inquiétées le château où les brigands de Fréron et de Barras sont venus dans la nuit arrêter le comte et mon mari pour les égorger quelques jours après. Tu t'expliques maintenant, mon Marius, quel effet a pu produire ton costume sur l'esprit de ma pauvre maîtresse.... Ah! mon frère, comment as-tu pu te résigner à servir sous de tels hommes!... Ils portaient un costume semblable au tien, ceux qui sont venus, comme une bande de loups, se jeter sur mon cher mari... la nuit, ainsi que des rapaces.... Tu sais que le comte de Mireval, malgré les dangers qu'il courait, était resté fidèle au Roi. Tout ce que Madame put obtenir de lui, c'est qu'il quitterait Toulon où il était trop en vue, puis laisserait paisiblement passer la tourmente révolutionnaire, caché dans son château de Mireval d'où il pouvait s'enfuir à la moindre alerte, soit en gagnant les Maures dont il connaissait les moindres défilés, soit en mettant la mer entre lui et ceux qui seraient tentés de venir l'arrêter. Dès que cette résolution fut prise, mon mari et moi nous partîmes en avant afin de tout préparer pour recevoir le comte et la comtesse. J'emmenai avec moi ma petite Alice et Mlle Berthe bien plus accoutumée à moi qu'à sa mère naturellement, puisque quelques mois avant je la nourrissais encore de mon lait. Le comte résista jusqu'au dernier moment. Ce départ auquel il se préparait avec la plus grande répugnance ne lui présageait que malheurs : « On dira que j'ai fui, répétait-il à la comtesse, chaque fois que l'on parlait de fixer le jour du départ; on ne fuit que quand on est coupable et que l'on a peur d'être soupçonné, dit-il. Or rien dans ma conduite ne justifierait une arrestation. »

« Mais le marquis, son frère, qui a donné dans les nouvelles idées, affirmait de son côté à Madame, qu'il voyait en cachette de son mari, — car le comte avait rompu avec lui dès qu'il l'avait vu se mettre du côté des républicains, — le marquis ne cessait d'exhorter Madame à se réfugier à Mireval. Mieux que personne, il était en situation de connaître les intentions des nouveaux maîtres ; il finit par faire prévaloir son avis et, comme je viens de le le dire, nous prîmes les devants, ton beau-frère et moi. Quoique son pauvre frère ait pu en penser, c'est un brave homme, M. le marquis ; il n'a eu que le tort de manger toute sa fortune et c'est bien en partie pour cette cause qu'il s'est mis avec les ennemis du Roi ; d'autres disent que c'est en Angleterre, où il a vécu plusieurs années de sa première jeunesse, qu'il a pris ces mauvaises idées, car tu sais qu'autrefois les Anglais ont tué aussi leur souverain. Toujours est-il que lorsque nous arrivâmes à Mireval, M. le marquis était au château, afin de se rendre compte par lui-même des possibilités de fuite qu'il offrait en cas de danger. C'est à peine si je remarquais sa présence. Ma pauvre Alice avait pris froid dans la méchante carriole que nous avions louée à Toulon ; ses petites mains étaient brûlantes, sa respiration oppressée, sifflante.... Tu sais le reste, mon Marius, dans la nuit, ma pauvre petite fille expirait entre mes bras ; pour comble de malheur, mon mari n'était pas là au moment où elle rendit sa petite âme à Dieu. Il ne revint que très tard dans la nuit avec le marquis, ayant eu à s'occuper de tous les détails de la prochaine installation de nos maîtres.

« Tu juges de sa douleur !... J'avais éloigné Berthe d'Alice dès que j'avais compris de quel affreux mal mon enfant était atteinte. Une femme du château l'avait couchée dans une chambre voisine dès notre arrivée. Le marquis ne voulut pas quitter le château sans embrasser sa nièce. Le jour commençait à poindre et comme toujours les fillettes se réveillaient avec le premier rayon d'aurore ; je dis à mon mari de conduire le marquis vers l'enfant, qui certainement ne devait plus dormir, et je regardais mon Alice, froide déjà sur mes genoux, mon joli petit ange, qui ne se réveillerait plus, plus jamais.

« Tout à coup, ton beau-frère, suivi du marquis, rentre dans la chambre, le visage bouleversé, surtout mon pauvre mari.... « L'enfant !... Berthe n'est plus là... s'écrie-t-il. Un « carreau de la fenêtre a été brisé, la fenêtre ouverte et l'enfant « a été enlevée.... »

« J'en oubliais presque ma peine. Je posai mon douloureux fardeau sur le petit lit préparé pour ma chérie et je pus constater de mes yeux ce nouveau malheur.

« Le jour était tout à fait levé. Il ne nous fut pas difficile de nous rendre compte de la scène qui s'était passée dans la nuit. Une échelle était encore appuyée contre le mur ; sur le sable, des traces de pas allaient se perdre dans le parc. L'enfant avait été enlevée, mais par qui ? par qui et pour quelle raison ?

— Vous interrogeâtes, sans nul doute, habilement les domestiques du château, vous fîtes des recherches ?

— Ai-je besoin de te le dire, Marius !... Pendant quinze jours, tous les environs furent explorés sans résultat par le marquis, dont je n'entendais plus parler. Juge de mes angoisses ! Et tout cela pendant que l'on enfermait dans les caveaux de la chapelle du château ma si gentille Lucienne.

— Que de malheurs en un seul jour, sœurette !... Et quand la comtesse et son mari arrivèrent à Mireval....

— Ah ! mon cher frère, ce jour-là !... je le redoutais comme

une bonne chrétienne redoute le jour du dernier jugement.
Que dire, que faire? Certes, j'étais bien excusable dans mon
malheur d'avoir confié la garde de l'enfant à une domestique
du château que je savais dévouée plus que pas une autre à
nos maîtres; mais la douleur ne raisonne pas; en réalité, je
craignais bien plus l'explosion de cette douleur, moi qui vivais
dans les larmes, que les reproches de la pauvre mère. Je
faisais tous mes efforts pour ne pas penser à cette heure
redoutée, lorsque, dix-huit jours après l'enlèvement, je vis
venir à moi le marquis : « Ma pauvre fille, me dit-il, j'ai beaucoup pensé, depuis cette malheureuse nuit, à l'étrange événement qui s'est passé ici. Pas un village, pas un recoin que
je n'aie visité, parcouru, fouillé depuis mon départ. Cet enlèvement ne peut être que le fait d'ennemis jurés de mon frère.
Ils auront eu vent de son projet de se retirer ici et, pour
l'empêcher d'y donner suite, ils n'ont pas craint de dérober
l'enfant, estimant avec raison que le comte ne demeurera pas
ici inactif après un pareil crime. Le comte accusera forcément
quelqu'un ou quelques-uns de ceux qu'il juge à bon droit
acharnés à sa perte. Les meilleurs d'entre nous ont toujours
des ennemis!... Que son accusation tombe à faux, ce qui est
possible, et il est perdu, car, sans nul doute, ses soupçons ne
pourront se porter que sur ceux qu'il hait davantage; ceux-
là sont précisément les hommes en place à l'heure actuelle.
Je vois dans le fait de l'enlèvement de ma pauvre petite nièce
une très simple, mais très abominable combinaison pour le
forcer à faire parler de lui, soit la seule éventualité qu'il ait
à redouter. Dieu veuille, ajouta-t-il avec bonté, que mon frère
ne vous croie pas de connivence avec ces bandits. » La pensée
que Madame, ma sœur de lait, comme étaient sœurs de lait
nos deux petites filles, pourrait me croire capable d'un pareil

crime ne m'était pas encore venue à l'esprit. Un peu de
réflexion me fit comprendre que les suppositions les moins
admissibles paraissent, au contraire, toutes naturelles lorsque
les événements qui les produisent sont si cruellement en dehors
de toute prévision. « S'il en est ainsi, monsieur le marquis,
répondis-je, je veux partir ce soir même. — Y songez-vous, mon
enfant, partir, c'est avouer ! avouer un crime dans lequel vous
n'avez pas trempé. — C'est vrai, monsieur le marquis, mais
quand je pense qu'il me faudra recevoir Madame pour lui annoncer une pareille catastrophe, ça me donne par avance la petite
mort. — J'ai bien un moyen, me dit alors le marquis, mais
cela est si vague encore dans ma tête que je ne sais trop si.... »
Tout en parlant, le marquis semblait réfléchir et adresser
ses réflexions bien plus à lui qu'à moi-même.... « Oui, c'est
cela, murmurait-il..., il me semble que tout irait mieux ainsi...
d'ailleurs rien ne serait changé en somme à la situation de
ces deux pauvres mères.... C'est bien grave, cependant...
bien grave!... — Oh! parlez, monsieur le marquis, parlez,
m'écriai-je, vous seul pouvez nous donner un bon conseil
à cette heure, car mon pauvre Sijean a la tête perdue tout
comme moi. »

XVII

UNE TRAME BIEN OURDIE

« Quel était le moyen du marquis? demanda Marius.

— Voici. Le marquis repartirait de Toulon le soir même, demanderait le lendemain une entrevue à sa belle-sœur et lui annoncerait la mort subite de sa propre fille à elle....

— Mais comment expliquer en même temps la disparition d'Alice? fit l'officier.

— Il lui raconterait que, pour ne pas raviver sa douleur à chaque minute par la vue de ma fillette, je m'étais résolue à l'envoyer à Marseille chez notre mère. De cette façon le comte resterait coi, car on ne peut rien contre la mort et le but principal serait atteint. Quant aux reproches immérités dont j'étais menacée. que j'eusse à les recevoir pour manque de soins ou pour défaut de vigilance, c'était tout un ; ils ne devaient pas me manquer. Et Dieu sait si j'en ai entendu, non pas de Madame, la pauvre!... mais du comte. Elle n'avait pas le courage de se

plaindre tant elle était abattue et depuis la mort de son mari elle
n'a pas beaucoup plus de raison qu'un enfant. Seule la vue
d'un uniforme la réveille de sa torpeur. En réalité elle n'a gardé
qu'un souvenir très précis : celui de l'arrestation de son mari.

Mme Sijean la raconta à son frère dans ses plus grands
détails, cette arrestation faite sur l'ordre de Fréron et de l'ex-
marquis de Barras, sur une dénonciation anonyme. Un soir la
garde civique avait cerné le château et le comte de Mireval fut pris
sans qu'il lui eût été loisible de chercher à fuir, pas plus qu'à
Sijean. Peu de jours après les massacres commencèrent ; les deux
prisonniers en furent les premières victimes. C'est alors que le
marquis qui n'avait pu parvenir à sauver son frère, inquiet du
sort réservé à sa belle-sœur qu'il avait voulu épouser, lui-
même, avant que son frère fût agréé, acheta en Languedoc
pour une somme dérisoire le petit castel de Saint-Gely du Fesc
et y envoya les deux pauvres veuves sous le nom commun de
demoiselles Sijean, mettant ainsi entre la comtesse et ses persé-
cuteurs probables ou supposés une demi-douzaine de journées
de marche à bride abattue.

C'est par le plus grand des hasards que j'ai appris que tu
étais à Cherbourg, mon cher frère, continua-t-elle. Il y a six
semaines j'étais allée à Saint-Gely pour quelques achats,
lorsque j'entendis un colporteur crier les papiers publics.
Sans trop savoir pourquoi, j'achetai une de ces feuilles où tes
exploits étaient tout au long racontés. Je t'écrivis aussitôt et
te voilà. Oh ! de te voir, frère, cela m'a rendu un peu de vie.
La mienne est si triste avec cette pauvre folle !...

— Et comment vivez-vous ici ? demanda Marius en serrant
une fois encore sa sœur dans ses bras.

— D'une petite rente de cent livres que chaque mois nous
envoie le marquis de Maillargues.

— Et la fortune du comte?

— Cette fortune lui est retournée, bien entendu, puisque Madame n'apportait pas de dot en se mariant et que la petite Berthe passe pour morte et qu'en tous cas elle est comme si elle n'existait pas....

— C'est ce saint homme qui garde pieusement rentes, terres et châteaux?

— Comme tu dis cela drôlement, Marius. Qu'entends-tu par là.

— J'entends par là que ce maître coquin a fait disparaître l'enfant comme

LE COMTE DE MIREVAL FUT ARRÊTÉ.

il a fait assassiner le père; pas autre chose... c'est déjà pas mal suffisant.

Cette absence de dix-huit jours n'a pas d'autre raison, crois-moi, Josette.

Mais, comme on dit, il n'y a que les montagnes qui ne se

rencontrent pas. Aussi vrai que je me nomme Marius Raymonat, officier au service de la République, sœur, je te fais le serment de retrouver tôt ou tard cette pauvre fillette, si le bandit a daigné lui laisser la vie. J'ai obtenu quatre mois de congé pour mes blessures, je saurai les utiliser. Maintenant ne pensons plus qu'au bonheur de passer quelques belles journées ensemble, comme autrefois, et espérons ! Qui sait si la vue de sa fille, en admettant que je la retrouve, ne rendra pas la raison à la pauvre mère. »

MISTRESS KIRBY REGARDAIT LA TUNIQUE DE SOIE.

XVIII

UN PASTEUR DE TIGRE EN GARNI

« Donnez-vous la peine d'entrer dans le parloir, monsieur, fit une petite servante de bonne mine, je vais prévenir mistress Kirby; et elle s'inclina jusqu'à terre.

— Allez, jeune fille, répondit un homme d'assez vulgaire apparence, malgré la recherche de sa mise et l'énorme diamant qui brillait à sa main gauche; vous direz à mistress Kirby que M. Van den Berg de Batavia désire louer chez elle un confortable appartement et qu'il lui est adressé par son ami et client, le capitaine du *Sund*, M. Safström. »

Ce disant, M. Van den Berg s'assit près de l'unique fenêtre du parloir en donnant ordre à son jeune domestique, un indien basané vêtu comme un prince asiatique, qui était demeuré debout près de la porte, de s'asseoir sur le tapis, à côté des paquets qu'il venait de déposer près du poêle où ronflait joyeusement un bon feu de houille.

Presque aussitôt parut mistress Kirby, une bonne grosse commère, veuve d'un capitaine au long cours, de son vivant grand ami de ce *very good* capitaine Safström dont le somptueux Van den Berg se recommandait à sa bonne grâce. Elle était très communicative quoique Anglaise, mistress Kirby, et d'une confiance !...

« Trop confiante, monsieur, beaucoup trop confiante, le cœur sur la main et la main toujours prête à donner, monsieur. C'est ainsi que la petite fortune du capitaine Kirby s'était peu à peu fondue dans les poches des autres, monsieur, lorsque l'honnête capitaine, rendant son âme au créateur, avait subitement laissé mistress toute seule, bien seule, monsieur. Fort heureusement, elle avait pu sauver quelques bribes de son petit avoir et éclairée par le ciel sans doute — oh ! oui monsieur Van den Berg, bien certainement le ciel s'en mêla, oh ! j'en jurerai — elle avait eu l'idée de louer la maison où elle avait l'honneur de recevoir l'ami du *very good* capitaine — un honneur dont elle sentait tout le prix, je vous l'atteste — et qu'elle n'oublierait jamais, monsieur. Et après avoir eu l'idée de louer cette maison, la plus saine de Blue-Friars, le quartier le plus central de la ville, dans Elisabeth Street, la rue la plus belle du quartier, — et tout près du port, monsieur — elle avait eu la pensée meilleure encore de la meubler pour la louer, divisée en chambres et appartements aux personnes bien élevées, tous parfaits gentlemen, monsieur, que les amis de son cher mari ne manqueraient pas de lui envoyer. »

Mistress Kirby aurait continué longtemps encore sur ce ton de confidence larmoyante qui jurait de la plus comique façon avec sa mine réjouie, si M. Van den Berg ne l'avait interrompue

au milieu de ses effusions par la directe demande de lui montrer
l'appartement ou les appartements dont elle disposait pour
l'instant.

L'affaire fut tôt conclue, malgré un nouveau discours de
mistress qui tint à renseigner le Hollandais sur l'état civil, le
caractère, les préférences et les petites manies — oh ! sans les
critiquer, chacun n'a-t-il pas ses innocents travers, monsieur ?
— des cinq locataires qui occupaient sa maison : M. John
Turgis, le solicitor bien connu, son locataire depuis cinq ans,
c'est un bail cela ! avec un domestique, un peu trop porté sur le
gin, malheureusement ; miss Armitage, installée depuis trois
ans et deux semaines, qui donnait des leçons de harpe et de
clavecin ; le lieutenant Georges Archer... ; le révérend Thomas
Rudge... ; mistress Canaple ; mistress Chattam, sir Burgue...,
parti de la veille. Van den Berg, aidé de son domestique,
paraissait beaucoup trop occupé à ranger ses hardes dans les
tiroirs de la commode ventrue, placée entre les fenêtres de la
chambre où son hôtesse venait de l'introduire, pour jouir de
son agréable et instructive conversation.

Mistress semblait regarder avec la plus vive admiration la
tunique de soie brune rayée de jaune et le turban de mous-
seline blanche plusieurs fois enroulé autour de la tête du
domestique, tout en débitant la nomenclature de ses locataires.

« On voit que Monsieur vient de loin... si j'avais été riche,
j'aurais aimé d'avoir mes serviteurs ainsi vêtus... il est tout
jeune... comme il a l'air de vous aimer... est-ce qu'il parle
anglais... pas chrétien sans doute?... Pauvre idolâtre... si vous
voulez, M. Van den Berg, le révérend Thomas Rudge vous le
baptisera en un tour de main... a-t-il un nom?... »

Van den Berg grommelait entre ses dents, achevant d'éventrer
ses paquets ; et de plus belle en empilait le contenu dans les

tiroirs et sur les rayons d'une armoire de chêne, Il se retourna
tout à coup d'un air féroce.

« Mistress, il s'appelle Sendib, il est né à Soérabaja ; je me
soucie peu qu'il m'aime ou non, attendu que j'en ai fait l'em-
plette et qu'il m'appartient comme vous appartient cette commode qui vous est sans doute fort indifférente ; et si ces renseignements ne suffisent pas, sachez en outre qu'il ne baragouine
que quelques mots d'anglais, qu'il a quarante-sept ans et qu'il
étranglerait votre Thomas Rudge s'il s'avisait de prendre des
familiarités avec lui.... Il n'est pas fils d'un éleveur de tigres
pour rien !

— Quarante-sept ans, soupira mistress Kirby anéantie... un
éleveur de tigres !... moi qui lui donnais au plus seize ans et
qui le supposais doux comme un mouton !... »

Lorsque mistress Kirby se fut enfuie avec précipitation comme
si elle sentait à ses jupes l'haleine ardente des élèves de M. Sendib
père, Van den Berg se laissa tomber dans un fauteuil tout suf-
foquant d'un gros rire :

« Ah ! la bavarde !... la curieuse femelle... enfin !... nous en
voilà débarrassés pour un bout de temps, Adrien.

— J'ai failli éclater lorsque vous m'avez généreusement
octroyé quarante-sept printemps, capitaine.... Sapristi, on n'a pas
froid aux cheveux avec ce satané turban. Ma foi, je l'enlève....

— Dis donc ce turban béni, car il te rend méconnaissable ; sans
cet accoutrement aurais-tu pu depuis huit jours suivre pour ainsi
dire pas à pas ce diable d'Anglais qui t'a si gentiment balafré
le visage de sa houssine, à l'auberge du *Soleil d'or* ?

N'est-ce pas une chance extraordinaire de l'avoir retrouvé
tout d'abord. Pouvions-nous souhaiter mieux pour notre entrée
en campagne !...

— Malheureusement elle ne m'a pas appris grand'chose cette

poursuite à travers les rues et les quais de Portsmouth.

— Ce n'est pas mon avis. D'abord tu sais que l'Anglais est incapable de te reconnaître, ce qui est fort important pour nos desseins ; secondement tu as pu te rendre compte qu'il ne quitte guère la porte de Davis and Cº ; troisièmement qu'il n'abandonne sa faction qu'aux heures de fermeture de l'office ; enfin que le soir, lorsque les employés de la banque quittent leur bureau, le camarade remonte Elisabeth Street, prend par la petite rue qui conduit au bassin de radoub ; et, tout au bout de cette rue, entre dans un cabaret de matelots où l'attend déjà un homme à peu près de son âge, que tu as reconnu pour un employé de la banque Davis and Cº y arrivant chaque matin et en repartant chaque soir. Eh bien, mon cher Adrien, tu es trop perspicace pour ne pas comprendre que ces deux gaillards-là trament quelque manigance. Laquelle ?... C'est ce que je ne puis encore démêler. »

Adrien s'était approché de la fenêtre.

« Regardez ici, dit-il, en face, à quelque distance de l'entrée de l'office Davis, voyez-vous le misérable... il est planté là pour toute l'après-midi !...

— Reconnais, garçon, que j'ai bien choisi mon observatoire.

— Et vous, capitaine, accordez-moi que je n'ai pas eu une sotte idée en vous dissuadant de vous présenter chez Davis le lendemain de notre arrivée. Mieux valait demeurer encore une huitaine à bord du *Sund* qui nous a amenés puisque le *very good* Safström nous y offrait l'hospitalité, que de courir des risques à vouloir se trop hâter. Sans ces huit jours de prudente et profitable retraite à bord, vous n'auriez pas eu l'idée de vous faire passer pour un nabab retour de l'Inde chargé de diamants... à une pistole l'once, ni de me naturaliser natif de... comment avez-vous dit ?

— De Soérabaja dans l'île de Java.... Je t'y mènerai, garçon, pour te présenter à ton estimé père, le berger de tigres.... Ne plaisantons plus. Tu ne t'imagines pas, je pense, que je prends souci des embûches que pourra me tendre ce *Goddam*, car c'est moi qui passerai à la caisse puisque te voilà naturalisé Indien.

— Quand le *Sund* repart-il pour Amsterdam, capitaine?

— Pas avant le milieu de mars; cela nous fait deux bons mois à séjourner ici. Safström nous fera prévenir et j'ai le droit de compter sur lui comme sur toi-même, mon brave garçon. J'ai eu la chance de le secourir, je puis dire de lui sauver la vie ainsi qu'à son équipage une certaine nuit où le feu était à son bord dans le détroit de Macassar, presque en vue de Bornéo; et moins d'une heure après, le brick qu'il commandait alors pour la maison Hubendick de Gèfle coulait à pic au milieu des flammes. Ces services-là cela ne s'oublie pas. Mais tout ceci c'est de l'histoire ancienne; revenons à nos moutons ou plutôt à notre gredin de loup d'Anglais. »

Le capitaine réfléchit un instant.

« J'ai trouvé! s'écria Adrien tout joyeux.

— Parle, garçon.

— Voici. Ce soir nous allons dîner à bord du *Sund*, vous racontez au capitaine que vous avez une forte somme à toucher chez Davis, ce qui est la vérité, et que vous avez toute raison de craindre d'être attaqué par de mauvais larrons, autre vérité; que la chose vous paraît certaine parce que quelqu'un en qui vous mettez toute votre confiance vous en a prévenu — détail non moins véridique que les deux précédents — et que, ceci étant, vous le priez de vous accompagner à la banque, en ayant la précaution d'en faire surveiller les abords d'un peu loin par une douzaine d'hommes de son équipage. En cas d'attaque ou même de simple intention malveillante, telle que vous suivre de trop près par exemple, de vous bousculer un brin, l'équipage forme le cercle; on joue des poings et coûte que coûte on garrotte l'English que l'on dépose à fond de cale du *Sund*, en lui offrant poliment une place dans une voiture pour le conduire à bord, après l'avoir gentiment bâillonné, de peur qu'il n'ameute les passants. Safström comprendra aisément qu'en votre qualité de Français vous ne fassiez pas intervenir la police anglaise dans vos affaires. Que pensez-vous de mon plan?

— Fameux!... Le bon Safström n'en demandera pas tant que tu supposes. »

Safström, un robuste Suédois taillé en hercule et, comme tous les hommes vraiment forts, doux comme un agneau, approuva pleinement le plan de défense et d'attaque de l'apprenti, sauf sur un point le concernant. Connaissant par de nombreuses expériences l'impression que causaient ses énormes épaules et sa vaste carrure sur les résolutions de cabaret des malfaiteurs de tous pays, il fit comprendre aux deux amis de France que son seul aspect ferait peut-être changer subitement d'avis les assaillants présumés ; or, c'était bien plus de la capture de l'Anglais qu'il était question en cette occurrence que de la conservation des vingt-cinq mille livres versées par Davis. Safström devait donc se tenir avec ses hommes, répartis en trois troupes rapprochées, à l'abri des clôtures à moitié ruinées des pêcheries; Adrien accompagnerait Louvot et, à la moindre alerte, donnerait le signal du ralliement par deux vigoureux coups de sifflet. Tous deux avaient d'ailleurs ample latitude de jouer du pistolet dans ce quartier désert ou peu s'en faut, attendu que ses rares habitants se garderaient bien de mettre le nez dehors.

Le lendemain, un peu avant cinq heures, le brave Louvot

frappa aux guichets de la banque, passa son papier Davis sur Davis, en échange duquel vingt-cinq milles livres lui furent comptées en sonnantes guinées.

Adrien, qui avait repris ses vêtements ordinaires pour demeurer plus alerte, l'attendait à la porte de l'office, à deux pas de l'Anglais qui, à cette heure où la nuit est complète en hiver, ne pouvait le reconnaître. L'employé de la banque qui, chaque soir, rejoignait son complice au cabaret, apparut sur le seuil de la maison ; il regarda à droite et à gauche, fredonnant distraitement. L'Anglais s'avança.

« C'est fait, fit-il à mi-voix, le premier qui va sortir....

— Je ne m'étais pas trompé, pensa Adrien... c'est à notre argent qu'il en veut. »

L'Anglais traversa rapidement la rue, s'adossa à la maison de mistress Kirby et attendit les yeux fixés sur la porte de la banque. L'employé rentra précipitamment et presque aussitôt Louvot sortit, serrant consciencieusement et non sans quelque affectation son portefeuille dans sa poche.

Adrien le rejoignit et tous deux s'éloignèrent à pas mesurés, comme de bons bourgeois cossus et parfaitement tranquilles.

« Tu avais bien jugé, garçon. J'ai vu l'employé en question lever le nez lorsque le payeur a donné à son voisin l'ordre de passer aux écritures les vingt-cinq mille livres et il a filé aussitôt.

— L'Anglais nous suit, fit doucement Adrien après s'être retourné, lorsque, avec son compagnon il fut un peu plus loin des lumières qui éclairaient les dernières boutiques d'Elisabeth Street.

— Hâtons le pas, garçon, pistolets aux poings et sifflet aux dents. J'ai dans l'idée que nous ne serons pas longtemps avant d'être assaillis à bâbord et tribord, à l'avant et à la poupe. Voici la rue des Pêcheurs, oblique à gauche et tiens-toi prêt. »

Ils n'avaient pas fait cent pas au milieu de la rue dans laquelle ils venaient de s'engager qu'il leur sembla entendre un bruit de pas, sourd d'abord, puis d'instant en instant plus sonore à mesure qu'ils avançaient.

« Gentlemen, oh! gentlemen.. cria une voix derrière eux, et le bruit de pas se faisait plus distinct et plus rapide.

— Atten-tion, mon gars, la danse va commencer, veille au grain. »

L'ANGLAIS FUT HISSÉ SUR LE PONT.

Ils continuèrent leur marche plus hâtivement.

« Ohé... ohé... gentlemen, fit encore la voix.

— Maintenant nous pouvons nous arrêter, dit Louvot. Safs-tröm et ses hommes ne doivent pas être loin. Qui va là? fit-il brusquement en faisant face à l'homme qui n'était plus qu'à une dizaine de toises.

— Gentlemen… je craignais de ne pouvoir vous rejoindre… gentlemen…

— L'Anglais ! murmura Adrien en portant le sifflet à sa bouche.

— Qu'avez-vous donc à souffler comme un phoque et à hurler ainsi : Gentlemen… Que nous voulez-vous ?

— Un service à vous rendre, gentlemen, voici des papiers que vous avez dû laisser choir en sortant de chez Davis. »

A ce moment Adrien vit assez distinctement trois autres hommes s'avancer silencieusement, mais avec rapidité, en rasant les clôtures.

« Donnez ces papiers et merci de la peine, mon garçon », dit l'apprenti, du meilleur anglais que sa mémoire put trouver ; et pendant qu'il tendait la main gauche, de la droite il lança un superbe coup de poing dans le nez de l'obligeant jeune homme, suivi immédiatement d'un violent coup de tête dans la poitrine qui l'envoya rouler les pieds en l'air. Les trois hommes se détachant de la clôture se ruèrent alors sur les deux compagnons.

Deux stridents coups de sifflet retentirent.

Louvot, les coudes au corps, faisait bonne garde, et Adrien, expert en l'art de la savate, décochait à ses adversaires les plus classiques coups de pied.

Le combat ne fut pas de longue durée. Un bruit sourd suivi de la chute d'un corps, puis un autre bruit de même son et une autre chute témoignèrent que le poing de Safström s'exerçait aux dépens des crânes anglais.

L'équipage du *Sând* n'eut pas le loisir de participer à la bagarre. Le début de l'attaque n'était pas précisément encourageant. Aussi le troisième assaillant jugea-t-il prudent de s'enfuir à toutes jambes dès la chute du premier de ses camarades.

« Laquelle de ces carcasses faut-il embarquer? demanda le Suédois à Louvot.

— L'homme qui est là, répondit le capitaine.

— Oh ! hisse, matelots, enlevez celui des trois qui n'est pas mort.

— Comment... pas mort?... fit Adrien, ne sachant trop ce que signifiaient les paroles de Safström.

— Vous croyez donc l'avoir tué, mon jeune novice ?

— Nullement, capitaine... mais alors... les deux autres....

— Les autres ne boiront plus de gin à la santé des braves gens qu'ils se proposent de détrousser.... Lorsque Safström laisse retomber son poing sur un crâne, c'est au diable seul que cette bonne tête peut le conter. »

La petite troupe se mit en marche, entourant les deux matelots qui portaient l'Anglais évanoui. Le canot était proche. Tout le monde embarqua sans qu'âme qui vive se fût aperçue du rapide drame qui venait de se jouer à moins d'un quart d'heure du centre de la ville.

La barque aborda bientôt le *Sund* et, au moyen d'un filin passé dans une poulie, l'Anglais fut hissé sur le pont, puis descendu dans la cale. Cette succession de déménagements et aussi l'air vif de la mer lui avaient fait reprendre ses esprits. Il voulut crier, mais le Suédois lui montra ses poings, en poussant la complaisance jusqu'à lui confier le récent usage qu'il venait d'en faire. Cet aveu charitable persuada subitement le captif de garder un silence prudent. Sa rage se traduisit par des regards qui n'avaient rien d'aimable pour Adrien ; cependant il ne paraissait pas le reconnaître pour le jeune garçon qu'il avait si brutalement cravaché quelques mois auparavant.

Adrien sut résister au plaisir de savourer sa petite vengeance. Il lui eût été doux cependant de se poser devant lui pour lui dire : « Vous ne me reconnaissez pas, monsieur jeune homme, je volé cependant donner à vô une bonne conseil... ne melé jamais vô aux choses qui ne regardent pas vô.... Dé la part dé Médéme lé civière, s'il vô plaît. »

Il préféra ne pas abuser de sa victoire et garda un prudent incognito.

XIX

NOUVELLES CONQUÊTES

Le 27 janvier 1794, la *Rosette* pour la douzième fois quitta le port de Cherbourg sous le commandement du capitaine Lévesque, depuis un mois dûment commissionné et confirmé dans son grade par le ministre de la marine, ayant à son bord Jean Latour — la particule étant depuis longtemps supprimée — comme lieutenant. Il avait été nommé à ce grade par le commandant en chef des forces de la Manche. L'équipage était le même, sauf Marius Raymonat, passé dans les rangs des terriens et actuellement en congé. Tape-à-l'œil, comme toujours, s'embarqua. C'était un porte-bonheur.

Le lougre mit en rade par un froid très vif, sous un ciel qui ne présageait rien de bon pour la journée, quoique que le vent soufflât modérément.

Lévesque ordonna de mettre le bâtiment à pic sur ses deux

ancres, et ainsi affourchée prudemment, la *Rosette* atterrit.

« M'est avis, lieutenant, dit le capitaine tout en interrogeant l'horizon de sa longue-vue, que nous rentrerons bredouille ce soir. Le vent joue, nous l'avions sous vergues en partant et nous voici vent debout, autant dire « au conseil », car du diable, si je saurais prévoir d'où il soufflera dans une heure.

Au point du jour, la *Rosette* naviguait en vue de terre. Le capitaine reconnut Portland. Plusieurs trois-mâts, une demi-douzaine de bricks et quantité de caboteurs apparaissaient en rade. Jamais le hardi petit lougre ne s'était avancé aussi loin.

Lévesque prit sa longue-vue, « pour faire son choix », dit-il à Jean.

L'examen ne fut pas de longue durée. Le capitaine avait jeté son dévolu sur un grand brick d'environ trois cents tonneaux et ne paraissant pas armé. Le navire présentait bâbord à l'avant de la *Rosette*.

« Droit la barre! » commanda Lévesque.

Le lougre fit voile sur le brick. Le vent soufflait très fort de nord-est. Le bâtiment, chassé, ne pouvait donc s'approcher de terre et rentrer à Portland. Les navires en rade ne se trompèrent pas sur les intentions de la *Rosette*. Tous se prirent à fuir comme un troupeau de moutons devant un courageux petit chien. Le brick mit toutes voiles dehors, et fila aussi vite que le lougre, réduit à n'employer que ses basses voiles; la lame très grosse embarquant continuellement par le travers.

Bientôt même l'Anglais le gagna au vent.

« Hisse le hunier, largue, cria Lévesque... ce failli chien va nous échapper. Holà! garçons, que chacun *pense à soi!* »

Sur ce commandement chaque matelot prit un bout de cordage et s'amarra au plat-bord. La mesure n'était pas inutile. A peine le hunier fut-il largué que la mer embarqua avec tant de violence qu'il semblait que la *Rosette* allait disparaître dans les flots. En moins d'une heure elle fut dans les eaux de l'Anglais, distante à peine d'une portée de fusil.

« Voilà une prise qui va nous coûter tout juste six liards de poudre », dit le père Liais à Lévesque.

Le lougre naviguait à ce moment à une demi-portée de fusil de l'Anglais. La *Rosette* hissa le pavillon français que Jean assura d'un coup d'espingole chargée d'une dizaine de balles dont une traversa la grande voile de l'Anglais. Le coup n'était pas plutôt parti, que le brick, démasquant sa batterie, envoya une bordée qui coupa le mât de hune de la *Rosette*, sans atteindre cependant aucun homme de l'équipage. Le lougre s'était d'ailleurs approché beaucoup trop près pour que les boulets de l'ennemi pussent quelque chose de sérieux contre lui. Il fut bientôt au ras de la coque de l'ennemi.

Plusieurs cordages du brick, coupés par les balles, pendaient à l'avant de l'Anglais. Jean fit part à voix basse de cette circonstance au capitaine qui commanda de gagner l'avant de l'ennemi, rapidement, en approchant la pointe des gaffes à plein bois de l'Anglais. Ne sachant à quelle cause attribuer cette singulière manœuvre, les Anglais nourrissaient un feu de plus en plus vif, prudemment abrités par les bastingages. Un seul d'entre eux se montrait constamment avec une rare bravoure; un enfant d'une dizaine d'années, au plus, — le fils du capitaine, — comme on le sut par la suite. Lévesque, quoiqu'il eût eu son chapeau troué par une des balles tirées par ce petit diable, avait donné l'ordre absolu de l'épargner. Cette généreuse pitié n'était pas du goût de l'équipage, mais pas un matelot n'eut même la pensée de désobéir. Le petit bonhomme allait et venait sur le pont du brick sans souci de la fusillade[1].

Jean, debout sur le beaupré, atteignit enfin une des amarres qui pendaient le long du bâtiment et à la force des bras grimpa jusqu'à l'écubier de bâbord où il prit pied, tout en s'abritant derrière le bordage. Badier et Liais (François), le premier quartier-maître, le second maître canonnier, avaient pu eux aussi s'amarrer à un cordage et se hisser sous le beaupré, se maintenant sans fatigue à l'étambrai ovale, ménagé sur le pont pour le passage de ce bas mât.

Jean, Badier et Liais, armés jusqu'aux dents, voyant qu'aucun de leurs camarades ne les avait suivis et s'apercevant que la *Rosette* dérivait, la gaffe qui l'accrochait aux flancs du brick ayant rompu sous la pression d'un coup de mer, payèrent d'audace. D'un saut, ils franchirent le bastingage et s'avançant pistolets aux poings vers la dunette, sommèrent le capitaine anglais d'amener son pavillon. Le marin, sans doute plus habitué à commercer qu'à faire la guerre, ne fit pas mine de résister, et sur un geste de Jean, abandonna la barre du gouvernail, qu'il n'avait pas quittée pendant le combat, à Badier qui tout aussitôt mit le cap au sud pour rejoindre la *Rosette*.

Lévesque se jeta dans les bras de Jean, lorsque son jeune ami sauta légèrement à bord du lougre où une chaloupe de l'*Orion*, ainsi se nommait le brick, venait de le ramener.

« Ah! not'maître, s'écria-t-il en patois bas-normand,

1. Historique.

JEAN ATTEIGNIT UNE DES AMARRES.

oubliant dans son émotion la supériorité que lui donnait son grade, je crois que le citoyen Loré sera content de vous.... »

Jean venait chercher quatre hommes de la *Rosette* pour les conduire au bord de l'Anglais, renfort qui portait à sept, sans compter Tape-à-l'Œil, le nombre des Français chargés de conduire la prise à bon port. Presque aussitôt le lougre Joffa, c'est-à-dire vint au vent et disparut dans la brume

« Ah! ben, lieutenant!... il en a fait de belles, ce damné gamin! s'écria le quartier-maître Badier en jetant vers la chaloupe l'échelle d'arrière du brick.

— Quel gamin?... qu'a-t-il fait, quartier-maître?

— Le fils du capitaine, parbleu!... ce qu'il a fait!.... un coup de méchant diable.... Pendant qu'il courait de bâbord à tribord sur le pont, il a fracassé l'habitacle, rompu la glace de la boussole et sans doute jeté l'aiguille par-dessus bord, de sorte que nous voici sans compas de route... c'est du propre.... Si je ne me retenais pas, continua Badier en brandissant un pistolet, je briserais d'une balle la tête de son failli chien de père.... Entends-tu, bandit, hurla le brave homme en lançant des regards furibonds vers le capitaine de l'*Orion*.

— Bast!... répliqua Jean, le ciel nous protégera. Si l'équipage de l'*Orion* avait aussi bien compris son devoir, nous ne serions pas maîtres à son bord. »

Le capitaine remercia Jean d'un regard.

« En attendant, lieutenant, il nous faut naviguer à l'aveuglette. Sans cette satanée brumasse on s'orienterait quand même; car m'est avis que nous ne sommes pas loin de terre, mais regardez-moi ça... c'est à couper au couteau.... »

Jean consulta sa montre.

« Cinq heures, murmura-t-il. Il fera bientôt nuit noire. »

Liais interrogeait l'horizon. « Façon de parler! » disait-il, car on n'aurait pas distingué une frégate à deux encablures.

Jean regardait du côté opposé à celui qu'inspectait vainement le père Liais. Une vague lueur teintait d'un ton roussâtre le brouillard. Le visage du lieutenant prit soudain une expression joyeuse.

« La barre dessous, timonier. »

L'*Orion* s'inclina sur bâbord et, se relevant vivement, serra le vent au plus près.

Badier aperçut alors la teinte rousse de la bruine qui peu à peu devenait moins dense.

« Le couchant! » grogna-t-il d'un ton satisfait. Nous savons à peu près comment nous orienter à cette heure.

XX

FORS L'HONNEUR

La nuit, une nuit criblée d'étoiles, se passa sans incidents, selon les prévisions du brave Liais. Le brick s'orientait un peu à la grosse, mais en somme il naviguait forcément vers les côtes de France, puisqu'il avait le cap mis sur le sud. Le tout était de savoir quelle serait la première côte en vue; car, par la brume, on avait fortement dérivé vers l'ouest; si bien qu'au matin, le quartier-maître aurait juré, d'après des signes auxquels un vieux matelot comme lui ne devait pas se tromper, que pour l'instant l'*Orion* devait se promener dans les parages des îles Normandes.

« L'Anglais... l'Anglais! » s'écria soudain le père Liais qui, depuis le petit jour, ne cessait d'interroger l'horizon, du bout de sa longue-vue.... Deux... ils sont deux, là-bas... entre la terre et nous. »

Liais avait raison. Il suffisait d'examiner la physionomie rassérénée du capitaine de l'*Orion* pour en être convaincu. Ses lèvres riaient malgré tous ses efforts pour dissimuler sa joie.

Jean surprit cet accès de gaîté si attristant pour lui et les hommes de la *Rosette*.

« Croiseurs anglais, capitaine? interrogea-t-il.

— Yes! sir.

— Thank you. Loffe, » commanda le lieutenant de la *Rosette*, barre à tribord, toutes voiles dehors.

L'*Orion*, offrant toute sa voilure à la brise, vira de bord, glissa sur le flot avec la rapidité d'une flèche.

Deux coups de canon dont les boulets vinrent faire jaillir l'eau à quelques encablures de l'*Orion* firent douloureusement comprendre à Jean et à ses deux amis que les Anglais avaient aperçu leur manœuvre et savaient à qui ils avaient affaire.

Leur marche était incomparablement supérieure à celle du brick anglais. Le premier en vue paraissait être un grand cotre, le second une corvette-brick merveilleusement construite pour la course.

La chasse commença. Ce fut l'*Orion* qui bravement la donna, à la grande stupeur des Anglais.

Il arriva promptement à une portée de fusil.

« Feu! » commanda le père Liais, noir de poudre, à ses hommes, le fusil à l'épaule, visant lui-même avec soin. Sept coups de feu déchirèrent l'air, puis deux coups de canon. Six hommes tombèrent à la mer. Un septième, resté tout d'abord debout, tourna sur lui-même, battit l'air de ses bras, puis la tête la première dévala des bastingages du cotre.

« Vive la nation, mort à l'Anglais!... » vociféra le père

Liais dans un furieux enthousiasme. Il coule!.. il coule à
pic avec nos boulets dans le ventre.... Ah! le joli plongeon,
lieutenant....

« Gagnons le large maintenant, dit Jean, nous pouvons
tenter une lutte de vitesse avec la corvette.

— D'autant plus qu'il ne fera pas bon ici et qu'il y chauf-
fera dur tout à l'heure. Le diable m'emporte! si cette cano-
nade ne va pas nous mettre sur les bras tous les croiseurs
des îles.... »

D'étranges vociférations s'échappèrent de l'entrepont, au
travers des écoutilles.

« Ils se mutinent en bas, lieutenant, faut voir de quoi
il retourne, » dit Badier.

Tous, sauf Liais qui semblait rivé à ses pièces, gagnèrent
l'entrepont par l'escalier d'arrière. Jean prêta l'oreille. Il ne
perçut qu'un confus murmure de voix. Un coup de feu
retentit. Badier, d'une poussée d'épaule, fit voler en éclats la
porte auprès de laquelle étaient massés les matelots de la
Rosette.

C'était bien d'une mutinerie qu'il s'agissait, mais d'une
mutinerie contre le capitaine de l'*Orion* qui gisait étendu sur
le plancher, l'épaule fracassée.

Que s'était-il donc passé?... Un fait bien simple, tel qu'on
en rencontre à chaque page dans les annales de la marine de
tous les pays. Le capitaine de l'*Orion*, profitant du trouble
où la perspective d'un combat immédiat à livrer avait jeté
ses vainqueurs de l'avant-veille, s'était glissé jusqu'à la soute
aux poudres et attendait là, mèche allumée, le résultat de
l'engagement. Si ses compatriotes triomphaient, il écraserait
le boute-feu sous sa botte; si les Français demeuraient victorieux, il les enverrait cueillir dans l'autre monde le vert

laurier en mettant le feu aux poudres. Il sauterait bien avec eux et son équipage aussi, mais il estimait sans doute qu'après s'être laissé capturer par trois hommes, c'était ce qui lui restait de mieux à faire.

Son équipage témoignait sans doute de plus d'indulgence pour ce cas fâcheux, — au demeurant assez fréquent avec ces damnés corsaires de France — car l'indiscrète lueur du boute-feu faisant un étroit cadre de lumière à travers les joints de la porte, avait surexcité sa curiosité, causé même quelque inquiétude dans ses rangs; à ce point que, soucieux de connaître qui éprouvait le besoin de s'éclairer pendant que tonnait le canon, les Anglais avaient surpris leur capitaine, près du dépôt de poudre, attendant anxieusement le résultat des respectives bordées des combattants. Un des matelots, plus avisé que ses camarades, que le délire de la lâcheté rendait stupides et clouait au plancher, avait déniché un pistolet échappé aux recherches lors du désarmement. Pendant que ses compagnons, un peu revenus de leur anéantissement, injuriaient leur chef et le traitaient d'assassin, il avait glissé le canon de son arme entre deux ais disjoints, et, visant bien, avait désarmé la main courageuse du brave capitaine. Au moment où Badier jetait bas la porte de sa vigoureuse poussée, les gredins se préparaient à achever leur victime, ayant enfin trouvé une issue qu'ils auraient bien pu découvrir tout de suite, avec un peu de bonne volonté et un peu moins de couardise, attendu qu'il ne se passait pas de jour où l'un ou l'autre ne descendît dans cette partie du navire.

Le drame était facile à reconstituer. Les explications des plus zélés guettant un remerciement, pour un si grand service rendu, furent coupées dès les premiers mots.

Jean fit porter Atchinson, c'était le nom du capitaine de

l'*Orion*, dans sa cabine et le pansa avec une adresse dont ses sœurs Élise et Rosinette l'auraient félicité.

« Avec votre permission, capitaine, nous vivrons encore quelque temps ensemble, dit-il en riant à Atchinson, lorsqu'il eut repris ses esprits. Ah çà!... vous vous déplaisez donc bien avec nous que vous vouliez vous faire sauter?...

— Oh!... c'était pas moâ que je volais faire sauter, c'était vô!... Mais j'allais avec tout de même, répondit l'Anglais, d'un flegme inaltérable. C'était le devoar!...

— Vous êtes un brave, capitaine! En Angleterre, on nous fusillerait sans doute, à moins que l'on ne nous pendît, si nous Français, en faisions autant.

— C'était sûr, lieutenant.

— Eh bien, en France, lorsque je raconterai cette prouesse. tout le monde vous fera fête, car je vous promets que l'on vous accordera d'être prisonnier sur parole....

— Ce n'était pas lé même caractère, du tout, du tout.... » soupira l'Anglais en soulevant pour l'appuyer sur son oreiller son bras inerte.

Badier entra.

« Sommes-nous bien, quartier-maître? Je vois par le hublot que la corvette ne nous gagne pas, c'est pourquoi je m'attarde à soulager ce brave homme.

— Oui!... avec les autres de l'*Orion* cela fait tout juste un brave homme pour l'équipage complet. Quant à nous, nous sommes bien, lieutenant, le vent est largue et toutes les voiles portent sans s'abreyer. »

Le lieutenant et le quartier-maître sortirent de la cabine du capitaine sur un signe de Badier.

Dès qu'ils furent dehors Badier arrêta Jean d'un geste :

« J'ai menti devant Atchinson, lieutenant, pour ne pas le

voir se réjouir de notre malheur.... Si je l'avais vu rire encore,
foi de matelot! je l'aurais cogné....

— Qu'y a-t-il donc, grand Dieu!... Vous m'épouvantez
Badier.

— Il y a que nous sommes pris, quoi que nous fassions...
pas autre chose. Nous marchons toutes voiles dehors sans
gagner la corvette d'une encablure!...

— Charge les caronades, matelot, nous danserons du moins
de compagnie. »

Le père Liais remontait à ce moment par la grande écoutille : « Les canons!... les canons, hurla-t-il, avec quoi les
charger?... On vient d'inonder la soute aux poudres. » Jean ne
fit qu'un bond jusqu'à la soute. Quel spectacle à l'heure du
combat! les gargousses éventrées, les barils défoncés, barils et
gargousses réduits en pâte molle sous un flux d'eau. D'où
venait le coup? Jean ne fut pas longtemps à le deviner.
Levant les yeux au plafond, il aperçut un écoutillon encore
entr'ouvert communiquant avec la cabine du capitaine. Atchinson, dès qu'on l'avait laissé seul, était rapidement descendu
dans la soute et par le secours de la pompe dont il avait traîné
la manche en toile jusqu'aux barils, il avait noyé les poudres.
Il allait donc falloir se rendre sans combattre.

Un éclair de colère brilla dans les yeux du jeune lieutenant.
En deux sauts il fut devant l'Anglais.

« Capitaine, je vous ai arraché aux mains de vos hommes
qui allaient vous assassiner, il y a un instant, et comme récom-
pense, vous nous livrez sans défense aux mains de l'ennemi!

— Non... pas l'ennemi, lieutenant... lé Angleterre... lé
Angleterre, le patric de moâ... né confondons pas... Lé feu
aux poudres ce était le devoar, encore le devoar, l'eau aux
poudres!... Oh! vous pouvez tuer moa!... C'est aussi le devoar.

Mais moâ, je meurs en criant : Hurrah for old England ! »

Et Atchinson à moitié relevé sur son lit poussa encore par deux fois son cri patriotique.

Jean replaça son pistolet à sa ceinture, ne pouvant se résoudre à tuer ce brave qui tour à tour employait l'eau et le feu pour défendre son pavillon. Il remonta sur le pont.

Liais avait armé ses sept hommes. L'*Orion*, privé de son équipage, si restreint cependant, naviguait au petit bonheur sous l'œil vigilant du quartier-maître debout à la barre.

Une lueur vive s'alluma aux bastingages de la corvette, distante du brick d'un mille au plus. Un boulet vint déchirer le grand hunier et retomba à trois encablures.

L'*Orion* ne répliqua pas à ce feu et pour cause. Il y eut comme un moment d'hésitation à bord de la corvette. Cette attitude du vaisseau ennemi, après son éclatante victoire sur le cotre lui paraissait sans doute incompréhensible.

Elle se rapprocha bientôt davantage et par signaux lui intima l'ordre d'abaisser le pavillon français que Jean avait ordonné de hisser.

Le lieutenant répondit en l'affirmant de nouveau, d'un coup de fusil.

C'est par une bordée de dix canons de tribord que la corvette répliqua.

Le mât de misaine de l'*Orion* coupé sous la hune s'abattit avec fracas sur le pont.

« Les v'là qui détruisent leur flotte, maintenant, s'écria le père Liais, je vas leur répondre, moi!... »

Et grimpant sur la dunette, le père Liais, bien en vue de tout l'équipage anglais, lui fit un pied de nez.

« J'ai pas d'autre arme à c't-heure!... » grogna le vieux.

Le commandant de la corvette comprit enfin que si le vaisseau refusait de se rendre, il n'en était pas moins dans l'impossibilité de se défendre.

Dans ces conditions le dernier acte du drame devait être vite joué.

Lorsque, sous les ordres d'un lieutenant, soixante hommes montèrent à bord de l'*Orion*, pour prendre possession de son bord, ils trouvèrent rigides, alignés comme pour la parade, les sept combattants de la *Rosette*, le fusil au pied.

Le lieutenant s'arrêta, interdit.

La physionomie de Jean resta impassible. Deux grosses larmes roulaient sur les joues du père Liais.

« Bas les armes et rendez-vous!... » ordonna le lieutenant anglais.

Nul d'entre eux ne bougea.

On vit alors péniblement s'avancer de l'arrière le capitaine Atchinson, pâle, son bras brisé attaché par un bandeau sur sa poitrine.

Le lieutenant de la corvette reconnut un des siens, il salua le blessé avec courtoisie.

« Je suis le capitaine Réginald Atchinson, ancien lieutenant du roi Georges, et je désirerais vous dire quelques mots, lieutenant. »

« L'explication fut de courte durée, mais elle fut décisive. Les marins français attendaient silencieux.

Le lieutenant revint après quelques minutes d'entretien.

« Douze hommes dans la cale! » commanda-t-il à sa troupe.

Les douze hommes sortirent des rangs massés le long des bastingages et descendirent dans la cale d'où ils ramenèrent l'équipage anglais de l'*Orion*.

En un clin d'œil, chaque homme de l'équipage fut attaché les mains derrière le dos et descendu dans une des trois chaloupes qui avaient accosté l'*Orion* avec le détachement envoyé par la corvette.

« Lieutenant, fit alors le chef de la troupe en s'adressant à Jean, en excellent français, veuillez commander à vos matelots les mouvements en usage dans votre pays, lorsque de braves soldats se rendent avec les honneurs de la guerre. »

Jean ne put résister à son émotion; il fit un pas vers le lieutenant qui de son côté s'avança la main tendue. Le jeune Français la serra.

« Merci, capitaine, merci, cria-t-il à Atchinson.

— C'était encore le devoar, lieutenant.

— Portez... arme! commanda Jean; arme sur l'épaule gauche.... En avant, marche!...

— Portez... arme, présentez... arme!... » répondit comme un écho la voix du lieutenant anglais.

Et les sept matelots de la *Rosette* défilèrent devant l'ennemi qui rendait ainsi hommage à leur inutile valeur.

Tape-à-l'Œil passa le dernier, flatté peut-être dans son amour-propre de chien de se voir rendre les honneurs militaires.

XXI

LOUVOT ET ADRIEN VISITENT UN PONTON

« Vraiment, c'est incroyable, incroyable en vérité, commodore Van den Berg, comme un changement de costume transforme une physionomie! Qui donc reconnaîtrait dans ce cor-
rect serviteur votre Sendib, ce sauvage petit Indien, ce fils de
berger de tigres débarqué il y a deux mois à peine du *Sund*!...

— Je reconnais qu'il s'est assez vite façonné, mistress
Kirby, répondit le commodore Louvot-Van-den-Berg, examinant
avec complaisance Adrien-Sendib-Viraux, bien trop affirmé
désormais à Portsmouth dans sa nationalité d'Indien pour
qu'il lui fût nécessaire d'en porter plus longtemps le costume.
Tourne-toi encore, Sendib, lève le nez, ne mets pas tes mains
dans tes poches.... C'est parfait. »

Adrien exécuta ces divers mouvements avec plus d'aisance

que l'on en aurait pu attendre d'un jeune gentleman habitué aux robes flottantes de Soérabaja.

« Je gagerais que M. John Turgis esq. — le premier solicitor de Portsmouth, commodore — votre plus proche voisin, ne le reconnaîtra point, pas plus du reste que la bonne miss Armitage — notre première harpiste, commodore, — ni même le révérend Thomas Rudge dont chaque parole trouve le chemin de nos âmes, commodore !... Oh ! certainement, elle le trouve, bien certainement ! »

Et miss Kirby, épanouie dans les abondants replis de son menton, prit une expression de béatitude, comme si le dernier prêche du révérend chantait encore à son oreille.

« Les dispositions de ce jeune homme, continua-t-elle en abaissant son regard extasié sur Adrien, changeront sans doute avec son costume et alors les saints enseignements du révérend Thomas Rudge, l'honneur du clergé de Portsmouth, pourront trouver les voies de son cœur. « Change de chapeau et tu changeras de tête. » C'est un de nos vieux proverbes, commodore ! Je n'en connais pas de plus sage. Veut-il dire qu'en remplaçant une vieille coiffure par une neuve, notre tête ne sera plus la même ? Un enfant écossais ne le croirait pas, commodore, et comme l'expliquait dimanche dernier, au temple, notre savant ami, le révérend Thomas Rudge, — qui avait pris ces sages paroles pour sujet de son instruction — ce proverbe signifie qu'un changement de position transforme le plus souvent notre esprit et notre cœur. Plus d'une fois, pour ma part, je m'en suis aperçue, commodore ! Pour ne vous citer qu'un exemple, Josuah Walton, aujourd'hui le premier boucher de Portsmouth, — c'est chez lui que je fais acheter toute ma viande, ou plutôt que je la prends moi-même, commodore, car ces pauvres servantes !... on leur donne ce qu'on veut — et, comme

le dit un de nos plus anciens proverbes... et j'y crois aux proverbes, moi, commodore, certainement j'y crois!... oh! bien
certainement! D'ailleurs, pourquoi nos pères se seraient-ils
donné la peine de faire des proverbes s'ils ne devaient servir
à rien. C'est ce qu'expliquait fort judicieusement, il y a quinze
jours, le révérend Thomas Rudge à mistress Kemble qui se
disposait à prendre la diligence de Winchester, — la meilleure
du comté, certainement, n'en doutez pas! — peut-être pour-
rais-je même dire la plus confortable de toute l'Angleterre,
mais ce serait mentir, non de fait peut-être, mais d'intention....
Ce n'est pas d'intention que je veux dire... Ah! j'y suis.... Je
mentirais par entraînement. Est-ce que je connais toute l'Angleterre? Non certainement, oh! bien certainement, je ne la
connais pas tout entière. Alors quoi?... Puis-je connaître toutes
ses voitures publiques si je ne la connais pas entièrement elle-
même? Bien certainement non! Comment donc mistress Kirby
oserait-elle se montrer aussi affirmative? »

Et la grosse dame jeta sur son auditoire un regard où le
triomphe le disputait à l'interrogation. Adrien brossait ses habits,
et le commodore fumait philosophiquement à sa fenêtre la plus
hollandaise des pipes, sachant par expérience que nulle puissance
humaine ne pouvait arrêter le flux éloquent de son hôtesse.

« Admettons cependant que je l'aie affirmé, continua mistress Kirby en baissant la tête et écartant ses bras courts, dans
l'attitude d'une personne qui sent tous ses torts; oui, admet-
tons-le un instant. Aurai-je menti de fait? Oui, peut-être, si
la diligence de Winchester n'est pas la plus confortable de toute
l'Angleterre, ce que je ne puis prouver, commodore, puisque, en
réalité, je n'ai jamais voyagé que dans celle-là. Aurais-je menti
d'intention?... Qui oserait dire que mistress Kirby a voulu
tromper son prochain? Personne à Portsmouth, certainement,

oh! bien certainement... et cependant j'aurai néanmoins semé l'erreur. Oui, j'aurai semé l'erreur, et celui ou celle qui a semé l'erreur doit récolter la honte!... Eh bien, commodore, et vous aussi, Sendib, quoique vous ne me compreniez pas — c'est de Sendib seul que je parle, monsieur Van den Berg — voilà où je vous attends.... Non, je ne récolterai pas la honte, certainement non. Pourquoi?... »

Trois petits coups frappés à la porte coupèrent dans sa fleur le dernier et sans doute victorieux argument de la plus chère disciple du révérend Thomas Rudge.

Adrien alla ouvrir.

La haute stature du capitaine Safström se profila énorme sur le fond clair du couloir.

Louvot poussa un soupir de soulagement et serra avec reconnaissance la main que lui tendait cet ange de délivrance.

Mistress Kirby esquissa devant le colosse sa plus gracieuse révérence.

« Vous m'excuserez, commodore, fit-elle en se retournant avec une vive expression de regret vers Louvot, si je ne demeure pas plus longtemps à jouir de votre conversation; car on apprend toujours quelque chose auprès de ceux qui ont longtemps voyagé. Or, qu'entend-on par apprendre, sinon joindre des faits nouveaux à des faits....

— C'est bon, c'est bon, mistress, grogna Safström, joignez tout ce que vous voudrez... mais dans votre parloir... gagnez au large, je ne viens pas voir mon ami Van den Berg pour écouter vos rabâchages.... Virez de bord, bonne femme. »

Mistress Kirby s'en retourna souriante comme si le gros Hollandais lui eût adressé le plus aimable compliment.

« Je viens vous offrir de faire un petit tour en ville, capitaine, dit le Suédois. La matinée est belle et c'est trop rare aubaine au mois de mars, dans ce chien de pays, pour n'en pas profiter. Voulez-vous descendre au port? nous irons déjeuner ensuite à bord du *Sund* tous trois, comme de vieux camarades. »

Louvot prit sa canne et son chapeau et, accompagné d'Adrien, suivit son gigantesque ami.

Le temps paraissait bien long, depuis plus de deux mois, au capitaine de la *Marie-Jeanne*.

Portsmouth ne passe pas de nos jours pour un lieu de délices avec ses quais affleurant au ras de l'eau et ses petites maisons de brique, noircies par de perpétuels brouillards. A la fin du siècle précédent, tout comme aux dernières années de celui qui s'achève, Portsmouth, ville de commerce avant tout, en même temps que la place d'armes la plus considérable de la marine anglaise, s'allongeait étroite et triste entre ses deux ports, par des rues malpropres toujours encombrées de chariots et de ballots de marchandises apportées de tous les pays. Fort heureusement pour les deux Français, ils jouissaient d'une admirable vue des fenêtres de leur appartement; n'ayant en face d'eux, de l'autre côté de la rue, que les bâtiments de la banque Davis and Cᵒ, élevés seulement d'un étage. Aussi, lorsque les deux compagnons ne partaient pas en promenade à l'île de Wight, dont ils ne se lassaient pas d'admirer les délicieux paysages, ou ne couraient pas les faubourgs dans lesquels apparaissaient çà et là, en de frais carrés de verdure, de riants cottages, peu différents de ceux qui les recouvrent totalement aujourd'hui, passaient-ils leur temps derrière les vitres à regarder la côte dentelée des deux immenses bassins naturels qui font de la ville une place de guerre de premier ordre; et, plus près d'eux, le goulet du port, large de plus d'un kilomètre et non moins animé qu'il ne l'est de nos jours.

Plus animé même à certains jours, mais de quelle animation!

Lorsque Adrien, accoudé sur une petite table chargée de livres, venait de temps à autre se reposer de son travail auprès de son ami, il apercevait parfois une grosse larme rouler dans les yeux du vieux brave et couler lentement sur son visage hâlé. Louvot baissait alors le rideau et tournait dans la chambre comme un fauve en cage, sifflotant du bout des lèvres, ce qui, chez lui, était un signe certain de violente émotion.

Le jeune apprenti n'avait pas besoin de chercher au dehors la raison de son chagrin. Des cris, des appels sans nombre montaient alors de la rue. Une sourde rumeur de foule, en marche vers le port, lui indiquait suffisamment la cause de cette émotion. Un convoi de prisonniers français venait d'arriver et le peuple se ruait à sa rencontre.

Précisément ce même matin où Safström et ses deux amis sortaient de chez mistress Kirby, une frégate de guerre venant de Plymouth entrait en rade chargée d'un convoi de prisonniers. C'était presque toujours sur Portsmouth qu'était évacué le trop-plein des bagnes.

Le vent soufflait du large; aussi moins d'une demi-heure après la frégate effectuait son entrée dans le port, saluée par une salve de coups de canon.

« Il nous faut voir cela de près, Louvot », dit le Suédois.

Le canot du *Sund*, qui avait amené son capitaine à quai, était amarré à un vieux canon mangé de rouille fiché entre les pavés, à quelques pas d'eux, avec quatre rameurs et un homme à la barre.

« Nage vers la *Captivité* », commanda Safström. La chaloupe se mit en marche et aborda bientôt un vieux vaisseau de 74 canons, complètement démâté, que peu de jours auparavant Louvot avait vu passer en radoub pour venir grossir le nombre des pontons. Huit autres navires à peu près semblables dormaient embossés des deux côtés du bassin.

Safström connaissait le capitaine, ou plutôt le commodore commandant à bord du ponton. C'était un vieux marin nommé Samuel Tompkins, peu satisfait, de son propre aveu, du poste confié à ses soins, et s'efforçant, par beaucoup de douceur, d'atténuer à ses yeux ses côtés odieux.

« Le capitaine Van den Berg, mon ami, commodore, serait désireux de visiter la *Captivité* », dit Safström à sir Samuel Tompkins qui, sur le pont du navire démâté, assistait, la longue-vue à l'œil, aux préliminaires de débarquement de la frégate.

« Moi-même, ajouta-t-il, je ne serai pas fâché de donner quelques secours à mes deux pauvres diables de compatriotes qui se sont fait prendre dernièrement à bord de ce corsaire français capturé en vue de l'île de Wight.

— C'est parce que je me doutais de cette charitable intention, capitaine, répondit courtoisement le commandant de la *Captivité*, que je vous ai informé aussitôt de l'aventure. »

L'Anglais salua correctement Louvot et lui tendit la main que le capitaine de la *Marie-Jeanne* aurait volontiers broyée dans ses doigts de fer. Tompkins donna un coup de sifflet. Un des nombreux gardiens du ponton accourut à l'appel.

« Sam, conduis ces gentlemen partout où ils désireront aller. »

Puis, saluant de nouveau, il reprit son poste d'observation accoudé sur le bastingage d'arrière.

La *Captivité*, de même que tous les pontons stationnant dans les bassins, était divisée en plusieurs batteries qui prenaient jour par des hublots agrandis — mais solidement grillés — ou par des sabords de batteries placées immédiatement sous le pont. Ces sabords se fermaient par les mantelets de la batterie, conservés pour cet usage, de façon à rendre impossible toute évasion.

Un certain nombre de marchands avaient obtenu la permission de venir vendre leurs denrées aux prisonniers, mais le nombre de ceux qui pouvaient s'accorder un petit supplément de nourriture ne formait pas la centième partie des captifs qui, littéralement, mouraient de faim. Et, cependant, la vie des prisonniers à bord des pontons paraissait enviable aux malheureux que leur mauvais sort avait désignés pour peupler le bagne de Portchester, sorte de vieux château, mi-forteresse, mi-monastère, qui déjà menaçait ruine sous les derniers Stuart.

C'était dans cet enfer que les deux compatriotes de Safström avaient tout d'abord été conduits; mais peu de jours après leur incarcération, ils avaient fait partie d'un convoi pour la *Captivité* où le brave Suédois les trouva bientôt. Moins d'un mois avait suffi pour les réduire à l'état de squelette et cependant ils s'estimaient heureux d'être sortis de cette prison, quoique à vrai dire le ponton ne valût guère mieux.

Comment s'étaient-ils trouvés à bord d'un corsaire de France comme tant d'autres, Allemands, Espagnols, Grecs ou Italiens? Le hasard les avait conduits dans un de nos ports; et la haute paye offerte aux volontaires, autant que l'amour des aventures, les avaient momentanément attachés à la défense de notre drapeau. Ils s'étaient battus contre les Anglais, de même qu'ils se seraient battus contre leurs adversaires, si leur fortune les eût jetés aussi bien sur un port des îles britanniques. Mais, à cette heure, si les deux matelots n'avaient pas davantage l'amour de la France, ce qu'on ne pouvait raisonnablement exiger d'eux, ils nourrissaient du moins une haine féroce pour leurs geôliers et ne rêvaient qu'évasion pour reprendre les armes, par passion cette fois, au risque de se balancer un peu plus tard au bout d'une vergue. Ne parlait-on pas, d'ailleurs, d'un traité secret entre la Suède et la France?

Safström leur offrit une dizaine de shillings en leur demandant si un peu d'argent pouvait adoucir leur sort. Les yeux des Suédois s'éclairèrent d'une ardente flamme.

« C'est la vie, s'écria l'un.

— C'est la fuite puisque c'est la vie, » murmura le second rayonnant d'espérance, en regardant le gardien du coin de l'œil. Louvot glissa dans la main de chacun une guinée et, faisant signe au gardien, lui donna quelques pièces de monnaie.

« Allez chercher un peu de bouillon pour ces deux pauvres diables », lui dit-il dans son mauvais anglais qu'il achevait de dénaturer intentionnellement par un fort accent hollandais.

Un marchand de soupe avançait lourdement pliant sous le double poids de ses marmites de fonte. Une douzaine de captifs, ombres d'hommes arc-boutés sur les bastingages, pour ne pas tomber, tant leur faiblesse était extrême, le regardaient passer avec des regards de délirante envie.

Le gardien le héla.

« Combien as-tu de parts de soupe, demanda Safström au marchand.

— Soixante environ, c'est deux pences la part, mylord.

— Approchez, les autres, » cria le capitaine suédois aux prisonniers, qui, tristement, avaient vu passer le marchand sans pouvoir l'arrêter.

Malgré le tremblement de fièvre qui secouait convulsivement leurs membres, les Français capturés s'avancèrent d'un pied assez ferme, tant l'espoir de manger tout leur saoul une bonne fois, leur donnait de l'énergie.

« Une soupe à chacun et un morceau de bœuf », fit le Suédois.

Déjà ses deux compatriotes avaient bu plutôt que mangé le contenu des écuelles fumantes que leur avait servies le marchand.

Ils attaquèrent le bœuf avec non moins de voracité. Un boulanger étalait à tribord sa marchandise. Safström l'appela et fit une distribution.

Chaque Français prit un pain, l'ouvrit d'un coup de couteau et entre les deux tranches plaça sa ration de bœuf.

Le capitaine du *Sund* les regardait surpris.

« Vous n'avez donc plus faim, camarades?

— Faim! répliqua l'un d'eux d'un ton goguenard... ici on a toujours faim, mais en bas il y a des matelots qui ont vendu pour huit jours leur portion afin de s'offrir d'un coup une pleine ventrée... alors... ça... c'est pour eux. »

Il restait encore une quarantaine de soupes, autant de portions de viande et le double de pain.

« Mangez tranquilles, les amis, je descends dans l'entrepont et tout le monde en aura aujourd'hui. »

Les braves gens ne se le firent pas dire deux fois.

Louvot, tout en descendant l'escalier derrière son ami, s'efforça de faire accepter sa cote part au généreux Suédois dans cette abondante distribution. Safström repoussa doucement la main du Français pleine de souverains.

« Je paie à vos Français un peu de ma dette envers vous, capitaine; laissez-moi jouir seul du plaisir de m'acquitter de ce devoir.

« Combien comptez-vous de prisonniers ici, demanda-t-il au gardien qui sentait sonner dans sa poche les quelques shillings que ce noble visiteur lui avait donnés.

— Quatre cent dix-sept, mylord.

— Quatre cent dix-sept soupes, quatre cent dix-sept bœufs et quatre cent dix-sept pains à une pence par chaque ration, cela fait, si je ne me trompe, douze cent cinquante *idem* à deux pennys, soit six guinées.

— Tout juste, calcula le marchand de soupe qui venait de faire son petit compte avec non moins de rapidité que son riche client.

— Cent vingt-cinq francs, supputa Adrien après un instant de réflexion.

— Eh bien, vieux, reprit le bon Safström en s'adressant à la fois au marchand de soupe et au boulanger, je veux quatre cent dix-sept soupes pour ce soir, autant de bœuf et le même nombre de pains. Filez votre nœud, j'attends. »

Les deux marchands bien joyeux déguerpirent.

« Vous, monsieur Sam, c'est bien votre nom, n'est-ce pas? vous procéderez chaque jour à cette distribution....

— Chaque jour!... fit Sam stupide de surprise.

— Chaque jour, jusqu'à ce que le pavillon de ce gros vaisseau suédois, que vous voyez là-bas dans le port, suive vers la haute mer le mât qu'il surmonte. C'est toujours un mois de bonne nourriture assuré à ces misérables. Pour ce petit service, monsieur Sam, je vous donnerai tous les matins quatre shillings. »

Sam salua militairement, et, sur la demande du donateur, alla porter cette bonne nouvelle dans les batteries.

« Vous allez vous ruiner, mon cher capitaine, fit Louvot un peu surpris tout de même de ces largesses.

— Bast!... quatre mille livres de France pour tout le mois. J'en ai six fois autant à bord, de par le bénéfice de mon dernier voyage. Je n'ai jamais l'occasion de faire du bien;

cette fois j'en veux moi aussi une pleine ventrée, comme disent vos Français... chiens. d'Anglais !...

Au lieu d'aller déjeuner à bord du *Sund* les trois visiteurs voulurent manger la soupe avec les prisonniers. Sur le quai, les petits marchands avaient appris par leurs heureux collègues la venue d'un opulent nabab à bord de la *Captivité*; aussi bientôt une nuée de bachots et autres embarcations s'approcha du ponton, sollicitant, par d'incessantes allées et venues de l'avant à la poupe du vieux navire démâté, l'autorisation pour leurs maîtres de pénétrer à leur tour dans ce temple de la soif et de la faim. Le commodore Tompkins n'aurait eu garde de refuser... son cœur de soldat souffrait cruellement des traitements monstrueux infligés par le gouvernement du roi Georges III aux prisonniers ennemis; et c'était toujours pour lui une bonne journée, que celle qui amenait à son bord un parlementaire français, commandant une ou plusieurs chaloupes pleines de vivres envoyés par les parents de France aux pauvres captifs, lorsqu'on apprenait de l'autre côté de la Manche en quel bagne ils attendaient la délivrance ou la mort.

Tout d'abord, après les premières prises, il était résulté, d'une entente entre la France et l'Angleterre, que les deux nations solderaient réciproquement les dépenses de nourriture de leurs prisonniers. Chaque mois les deux puissances se présentaient mutuellement leur note. La France payait à l'Angleterre ce qu'elle avait dépensé pour l'entretien de ses nationaux captifs et, de son côté, elle rentrait dans ses débours. Malheureusement, les vivres étant à cette époque beaucoup plus chers dans l'île que sur le continent, les bureaux jugèrent à propos de changer le *modus vivendi* en vigueur et ce fut la France elle-même, triste aveu, qui demanda qu'à l'avenir chaque pays nourrît les prisonniers détenus par lui. C'était la famine, la mort lente mais sûre pour les Français sans ressources, vu la cherté des vivres en Angleterre; alors que les prisonniers anglais ne s'apercevaient pas du changement de régime.

Louvot frémissait d'indignation en écoutant ces lamentables récits de la bouche d'un vieux pilote de Tancarville, pourrissant sur les pontons depuis le commencement de la guerre.

« Ah! mon bon monsieur, disait le matelot en hochant la tête, j'en ai vu de toutes les couleurs depuis le jour où mon malheur m'a mis les pieds sur leurs gabares d'enfer. Au commencement, on disait entre soi : Bon!... nous avons vent debout, mais le vent peut changer, ce n'est qu'un failli moment à passer... on disait : les Français feront une descente et nous serons libres et Dieu sait s'ils en avaient peur d'une descente, les English! sans compter qu'ils en ont toujours plus de terreur que de la peste. En attendant, on mangeait à sa faim. Tant que notre gouvernement nous a nourris, nous touchions par jour une livre et demie de bon pain, une livre de viande et une demi-livre de légumes, sans compter le beurre. On nous distribuait du savon pour nous laver, du fil et des aiguilles pour nos raccommodages et du tabac... presque autant qu'on en voulait. J'en ai connu plus d'un, — il se trouve partout des pas grand'chose, — qui n'auraient pas échangé leur ordinaire pour la liberté... oui, monsieur, c'est honteux à dire, mais cela est cependant... j'ai vu de mauvais Français qui redoutaient le jour de la délivrance, parceque, ce jour-là, il leur faudrait travailler. A Plymouth, où je fus débarqué, on trouvait dans la prison des cafés, des petits restaurants, des jeux de toute espèce. Huit jours après mon arrivée, je ne parle pas d'hier... il y a des mois de cela, on y monta même un théâtre et on organisa dans [une grande salle un bal où l'on

dansait le soir et où l'on faisait des armes dans la journée.
Un pays de cocagne, quoi!...

« Puis, un beau matin, bonsoir! fini de jouer la comédie et
de gambiller au son du crincrin. L'Angleterre allait nous nourrir
à ses frais et n'entendait pas dépenser trois francs par jour
pour nos peaux, comme le faisait la France. On nous mit,
comme ça, tout de suite à la demi-ration que l'on réduisit
encore un peu plus tard : quatorze onces de pain noir, sept
onces de mauvaise viande et quatre onces de légumes secs par
vingt-quatre heures. Lé premier jour on mangea tout à midi
et on serra la ceinture d'un cran en guise de souper. On
réclama au gouvernement par l'entremise des commissaires,
on ne nous répondit même pas. Nous n'étions pas bien exi-
geants, cependant; nous demandions simplement une demi-
livre de pain de plus par jour. Les officiers anglais et surtout
l'administration des subsistances, quand nous nous plaignions,
nous répondaient que notre gouvernement nous avait aban-
donnés. Ça en avait bien un peu l'air au bout de six mois,
tout de même, mais nous ne pouvions nous résoudre à le
croire. Bon! que je disais aux camarades, les English racon-
tent toutes ces histoires pour qu'on embarque à leur bord
et c'était vrai, c'est encore vrai, mon bon monsieur. Plus d'un
Français a pris du service chez eux, rendu fou par la faim
de chaque jour. Ceux-là ne disaient pas qu'ils s'engageaient
avec l'Anglais, mais avec le prince d'Orange et qu'ils n'auraient
pour les commander que des officiers français émigrés....
Enfin! suffit, mieux vaut ne pas parler de toutes ces misères.

— Comment, pilote, fit Louvot qui ne voulait pas en croire
ses oreilles, vous êtes sûr que des Français se sont enrôlés
dans les rangs de l'ennemi!...

— Sûr et certain, comme je suis sûr que je viens de manger

ma première bonne soupe depuis bien longtemps. Les gas mal intentionnés — je parle de ceux qui avaient plus de bile que de bon sang — écrivaient une lettre au commissaire anglais, faisaient leur demande sous un faux nom et quand il s'en trouvait un nombre suffisant d'inscrits, le capitaine de recrutement venait dans la prison et faisait l'appel. Comme les noms inscrits n'étaient connus que de ceux qui les avaient donnés, nous autres, les bons, nous riions de franc cœur en écoutant la liste dont pas un paroissien ne nous était connu. L'English se trompe de bagne, pensions-nous, l'imbécile!... Eh bien, l'imbécile, c'était moi, c'était tous mes camarades. Les traîtres savaient bien ce qu'ils faisaient. Dès l'arrivée du capitaine ils se tenaient aux abords de la porte, se cachant derrière le détachement de soldats rangés en double haie et, au prononcé de leurs noms, ils gagnaient le large. Oui, monsieur, j'ai vu cela, moi, foi de pilote.... »

Le bonhomme à qui un peu de réconfort avait délié la langue dit, avec d'infinis détails, les souffrances endurées; les plus affamés vendant jusqu'à leur dernière chemise pour acheter du pain, fouillant ensuite dans les ordures pour disputer aux rats les immondices de la prison, puis mangeant ces rats eux-mêmes pour ne pas être dévorés par eux que la portion congrue avait atteints par ricochet. Un jour on avait volé le chien du boucher qui, chaque matin, apportait la viande et, en quelques minutes, la bête avait été dévorée crue, intestins et peau compris. Huit jours après, le cheval du même individu se trouvait non moins subitement escamoté, pendant que le boucher et son aide portaient une moitié de bœuf aux cuisines.... Il n'en finissait pas, le brave homme, et l'on pense si Louvot, auquel s'était joint bientôt Adrien, perdait une de ses paroles[1].

1. Tous ces détails sont rigoureusement historiques.

Le capitaine de la *Marie-Jeanne* et son jeune ami seraient demeurés ainsi à l'écouter jusqu'au soir si Safström n'était venu les chercher dans l'entrepont pour les faire assister à la seconde distribution de vivres que le marchand de soupe et le boulanger venaient d'apporter. Les prisonniers montèrent tous sur le pont et se rangèrent par fractions de vingt-cinq sur deux rangs à la droite d'un chef de file, nommé d'un commun accord pour exercer l'autorité et rendre la justice quand une rixe éclatait ou qu'un vol était commis. Le vol était de tous les délits le plus sévèrement puni. Le délinquant, attaché à un poteau, l'échine nue, recevait de cinq à vingt coups de garcette, spectacle de haut goût pour les Anglais qui ne comprenaient pas ce qu'il y avait en ces tristes circonstances de dignité dans le cœur de ces hommes, s'affranchissant ainsi de la justice de leurs ennemis. Safström fut émerveillé du calme qui présida à cette distribution. Ces pauvres êtres, hâves, déguenillés, mourant de faim, défilaient par escouades, dociles au commandement, tels de vaillants soldats sous les armes.

« Nobles hommes!... grand peuple », murmurait-il à côté de Louvot d'une voix que l'émotion faisait vibrer et sa main un peu tremblante pressait doucement celle de son ami, tout frémissant d'orgueil de voir ses frères demeurés si grands dans l'adversité.

XXII

UN LION DANS ELISABETH STREET

« Ne montez pas!... ne montez pas!... par grâce, ne montez pas! » s'écria d'une voix larmoyante l'opulente mistress Kirby en se levant précipitamment du confortable fauteuil dans lequel elle était assise, près du poêle où chantait la théière, lorsque, un certain soir, le commodore Louvot et le pasteur de tigres, Adrien Viraux, ouvrirent la petite porte de la rue sur laquelle brillait, suivant l'usage, une large plaque de cuivre gravée de la mention : *Furnished Apartment.*

« Diable! pensa Louvot, nous aurait-on reconnus pour des Français et notre logis serait-il gardé? »

Mistress Kirby l'entraîna dans le parloir avec Adrien, non moins inquiet que son ami.... Tous les locataires s'y trouvaient réunis, y compris un nouveau locataire, le lieutenant Georges Archer, retour de l'Inde, auquel Louvot fut affectueusement présenté dans un de ces flux de paroles dont la bonne hôtesse avait l'exclusif monopole dans sa maison.

« Pourrai-je savoir, mistress, demanda Louvot profitant d'une embellie dans la tempête verbeuse de la dame, la raison....

— De ma peur, commodore, de mon affolement, de ma terreur? Certainement oui... de ma terreur... oh! bien certainement.

— Où veut-elle en venir, cette vieille sorcière? » se demandait Adrien debout près de la porte, comme il convient à un domestique bien stylé.

Le sollicitor absorbait silencieusement une cinquième rôtie démesurément beurrée et s'efforçait par de significatifs clignements d'yeux de mettre son regard à l'unisson du branlement de tête de mistress Kirby.

« Ne montez pas.... Si vous tenez à votre vie, ne montez pas. *Il* est dans votre chambre, sous votre lit... énorme!... colossal.... C'est le plus gigantesque que j'aie jamais vu.

— Mais qui, quoi... quel gigantesque, quel colossal? fit Louvot perdant patience....

— Un monstre à crinière épaisse, avec des griffes plus longues que mes ciseaux, et une tête.... Un lion!...

— Un lion dans ma chambre! fit le capitaine ahuri.

— Sous votre lit, commodore, ou plutôt sous le lit de Sendib, je ne sais plus au juste. Ses yeux brillent comme des fourneaux.... Oh! ces yeux... ces yeux... deux flammes!...

— Moi, je croirais plutôt que ce monstre est un tigre, d'après la description de mistress, insinua doctement miss Arabella.

— Comment diable voulez-vous qu'un lion ou un tigre se promène ainsi tranquillement dans Blue Friars? répliqua Louvot.

— Ah!... voilà où je vous attendais, commodore. Vous n'ignorez cependant pas que souvent les vaisseaux de votre pays amènent ici des fauves pour les ménageries.... Je ne les blâme pas, commodore, non, Dieu me garde de jugements téméraires.... »

Louvot se leva se dirigeant vers la porte, car il pressentait un discours. Mais mistress Kirby, le prévenant, se plaça devant lui, les bras étendus en croix, pour l'empêcher de franchir l'huis.

« Non, vous ne monterez pas!... Je ne veux pas qu'il vous dévore, moi vivante... il ne vous dévorera pas, commodore. »

Le lieutenant paraissait prendre un plaisir très vif à cette scène, à en juger par son regard malicieux.

« Sendib, monte, mon enfant, c'est ton devoir, vois-tu. L'esclave doit toujours se faire dévorer pour son maître. Et à quoi donc servirait un esclave s'il en était autrement?... que deviendrait la sainte mission que lui imposent les lois — si obscures pour nos esprits imparfaits — de la Providence?... Et puis j'ai bon espoir — le visage de mistress Kirby s'illumina d'une expression de foi profonde dans le résultat de la petite commission dont elle entendait charger Adrien — oui, j'ai confiance, certainement, pleine confiance. Pourquoi Sendib, Sendib habitué à mener paître des troupeaux de léopards, ne dompterait-il pas ce monstre?

— Si c'est son état, fit remarquer le lieutenant, il ne risque rien. »

Adrien, ne sachant trop à quelle bête il allait avoir affaire, disparut dans le corridor, malgré les objurgations de Louvot, vigoureusement tenu par les quatre bras de mistress Kirby et de miss Arabella.

Il s'arma d'un pistolet de fort calibre, dont il ne se démunissait jamais depuis sa dernière rencontre avec l'Anglais de Fontainebleau, fit jouer la batterie et se glissa à pas de loup vers la chambre, puis écouta....

De forts reniflements, un souffle haletant glissait par la rainure de la porte, court, puis long, prolongé, absorbant... comme si la gueule du monstre eût voulu attirer la victime par sa seule haleine....

« Je deviens fou! murmura Adrien qui s'était penché sur le paillasson pour mieux écouter... ce n'est pas possible... cependant... on dirait bien... ma parole, c'est lui. »

De petites plaintes succédaient, par intervalles, à la respiration de phoque du lion, car ce lion soufflait décidément comme un phoque.

« Tape-à-l'Œil! » prononça doucement Adrien.

Un hurlement formidable lui répondit.

L'enfant ouvrit vivement la porte, si rapidement que, dans sa précipitation, la petite bonne occupée dans une chambre voisine, en voulant refermer la sienne ou plutôt celle du lieutenant, accrocha sa manche à la clé, embrouilla ses jupes si bien qu'elle ne put la clore assez tôt pour ne pas assister au spectacle horrible du monstre, debout sur ses jambes de derrière, posant ses énormes pattes sur les épaules de l'audacieux et le... léchant à langue que veux-tu.

« Mistress, mistress... le lion l'embrasse, cria-t-elle en dégringolant l'escalier quatre à quatre... Oui, mistress, continua-t-elle tout essoufflée en pénétrant dans le parloir où Louvot demeurait étroitement gardé... le lion le lèche.... Sendib a dit comme ça par-dessous la porte : *Tépeleul*, et quand il est entré, l'animal s'est jeté dans ses bras.

— Que vous disais-je? s'écria mistress Kirby triomphante.... Sendib connaît les mots magiques qui charment les monstres!...

Tépeleul... Tépeleul.... Écrivez ce mot, miss Armitage ; je veux vous voir entrer dans la cage des fauves dès qu'une ménagerie arrivera à Portsmouth et en essayer le victorieux effet sur les tigres et les panthères. »

Louvot perdit malheureusement la fin de cette conversation, car il n'avait fait qu'un saut jusqu'à sa chambre, séparée de celle d'Adrien par un cabinet de toilette, dès que les deux amies, logeuse et locataire,

LE MONSTRE LE LÉCHAIT.

ne prirent plus garde à lui. Le chien un peu calmé s'allongeait confortablement sur un tapis de peaux de renard, devant la cheminée où luisaient encore faiblement les derniers vestiges d'un feu de houille, lorsque le capitaine rejoignit son compagnon.

Adrien, non encore revenu de son étonnement, affalé sur une chaise, tant cette rencontre imprévue — jointe aux émotions diverses par lesquelles il avait passé — lui avait coupé bras et jambes, le montra d'un geste de la main à son ami.

« Tape-à-l'Œil! s'exclama Louvot, n'en pouvant croire ses yeux.

— En chair et en os... surtout en os.... un vrai squelette!...

— D'où diable sort-il, ce paroissien-là?

— C'est ce que je me demande... et que je ne trouve pas.

— Ah çà! fit Louvot comme se parlant à soi-même, je ne rêve pas... je suis bien éveillé?... »

Ce chien tombant chez eux, à trente lieues de mer de son régulier domicile, le stupéfiait non moins que s'il eût vu choir à ses pieds quelque intempestif bolide en rupture de ciel.

« Il est certain qu'il n'a pu traverser la mer à la nage fit Louvot....

— Il est donc venu par bateau... sur quel bateau... la *Rosette*? Elle n'est ni dans le port, ni dans les bassins. Cependant Tape-à-l'Œil est à Portsmouth et son nez fureteur l'a mis sur notre piste. »

La bonne bête, en entendant prononcer son nom, se redressa, fit le gros dos, allongea ses pattes, étira ses griffes et vint poser son énorme tête sur les genoux de son maître.

« Pourquoi ne parles-tu pas, mon bon chien, dit Adrien en le caressant. Où est Jean? »

Tape-à-l'Œil allongea le cou et pointa ses oreilles velues.

« Vous pensez bien, mon gars, que voici du temps qu'il les a quittés.

— Qui?

— Jean ou Lévesque, parbleu.

— Pourquoi cela?

— Cette question!... répondit Louvot en haussant les épaules. Ah çà!... vous ne voyez donc pas comme il est maigre, votre chien; vous pensez donc qu'on crevait de faim à bord de la *Rosette*!...

— Quelle brute je fais! s'écria l'apprenti. Sans vous, capitaine, nous n'en sortions pas....

— Comment? sans moi, je n'ai rien dit....

— Ah! vous avez dit tout autant qu'il en faut. Ce chien n'a pas mangé son content depuis un mois au moins; il a été volé ou perdu à cette époque et le hasard qui mène parfois bien les choses me le fait retrouver... n'y pensons plus.

— Hum!.. perdu possible, volé possible encore, mais il n'y a pas d'Anglais à Cherbourg pour voler les chiens et les amener à Portsmouth, de même que les gens de Cherbourg ne viennent pas perdre leurs toutous dans Blue-Friars!...

— Alors?...

— Dame... alors?.. est-ce que je sais, moi!... Demain il fera jour, garçon on verra à voir.... »

SIR JOHN TENAIT UN BARIL D'HUITRES SUR SA POITRINE.

XXIII

DOUBLE NOUVELLE

Selon les sages prévisions de Louvot, il fit jour le lendemain, et afin de ne pas perdre son prestige de dompteur de fauves aux yeux de mistress Kirby, de miss Arabella et des premiers solicitors et clergymen de Portsmouth, Adrien Sendib fila avant l'aube dans la direction du port, monta dans un batelet avec Tape-à-l'Œil et accosta le *Sund* où il déposa son meilleur ami dans un recoin, près de la soute aux vivres.

Lorsqu'il revint chez mistress Kirby, l'heure du premier déjeuner était sonnée depuis une belle demi-heure. Adrien trouva Louvot et l'éloquente matrone en grande conférence....

« Non, commodore, nous ne pouvons jamais prévoir ce que nous réserve la minute qui vient; mais nous devons croire à nos pressentiments quoique dise miss Armitage, concluait la

bonne dame. Ainsi ce matin, il y a deux heures à peine, j'aurais juré que le gentleman, qui le long du mur de Davis and C°
regardait ma maison, était un officier français, prisonnier de
guerre et libre sur parole. »

Les deux amis eurent simultanément un éveil d'attention
bien vite réprimé.

« Vous n'ignorez pas, commodore, que les officiers français
ne partagent pas la rude captivité des simples matelots. Ils
demeurent internés dans le séjour qui leur est assigné, et
peuvent librement aller dans la ville où bon leur semble; à la
condition, bien entendu, de ne pas chercher à s'évader et de
jurer sur l'évangile que pendant la durée de la guerre....

— Oui, mistress, je sais cela... mais j'ai l'estomac creux....
Alors, chère mistress, nous allons avoir un nouveau voisin? fit
le capitaine prenant un air indifférent.

— L'officier en question, car mon instinct ne m'avait pas
trompé, c'était bien un interné... arrivé de la veille, commodore. Un parfait gentleman, noble et fort riche, je crois :
M. Jean de La Tour. Il reviendra ce soir. »

Le lecteur peut supposer avec quelle impatience nos deux
amis attendirent la venue du soir. L'arrivée de Tape-à-l'Œil
se trouvait ainsi expliquée. Ils ne savaient comment dépenser
les quelques heures de jour qui restaient encore à couler.

Mistress Kirby possédait un assez joli cottage entre Gosport
et Portchester, de l'autre côté du goulet du port. Elle le louait
l'été à deux ou trois familles de Portsmouth qui y vivaient à
frais communs. L'endroit était délicieux quoique le site pût
paraître un peu monotone avec sa vaste étendue de marais
auxquels des archipels d'ajoncs donnaient un faux air de prairie
se prolongeant jusqu'à l'hôpital de Portchester; mais du côté de
l'ouest la campagne se perdait en d'infinies profondeurs par

des bois vallonnés dont les senteurs vivifiantes se mélangeaient
aux effluves salins de la mer.

C'était, depuis que la température plus clémente permettait
d'apercevoir parfois le soleil, la promenade favorite des deux
Français. La bavarde hôtesse avait à cet effet confié une clé du
cottage au capitaine de la *Marie-Jeanne*. C'est là que Louvot et
Adrien allèrent finir la journée. Au moment où ils passaient
devant l'avenue conduisant à l'hôpital, ils virent sortir sous le
porche un énorme chariot chargé d'une quinzaine de cercueils : le bilan de la journée pour les prisonniers de France,
auxquels l'hôpital avait été uniquement consacré. Le corps
raidi entre six ais de bois, les pieds en avant.... C'était la
seule façon d'en sortir, la délivrance par la mort!

La nature peu à peu se faisait cependant douce et clémente,
les froids les plus rudes ne reviendraient pas. Le long des
pentes dévalant vers la rivière de Portchester, les prairies se
teintaient, sous un ciel moins sombre, de tendres lueurs d'un
vert laiteux, çà et là émergeaient de l'herbe quelques fleurs
hâtives avant-courrières du printemps; la tête chevelue des
saules se nuançait de la teinte violette des premiers bourgeons;
au bas des coteaux et sur les bords de la rivière les sveltes peupliers seraient bientôt verdoyants, des pépiages d'oiseaux, des
bourdonnements d'insectes bruissaient déjà dans l'air. Le
triste hiver accordait sa trêve, l'homme seul ne désarmait pas.

Fort mélancoliques, l'âme un peu chavirée, Louvot et Adrien
reprirent le chemin de Portsmouth à la nuit close.

Mistress Kirby guettait leur retour. Elle les convia à venir
prendre le thé au parloir après dîner, pour voir le Français
qu'elle comptait bien retenir. Sir John Turgis, miss Armitage
étaient invités; elle comptait certainement sur le révérend
Thomas Rudge et ne doutait pas — pourquoi en aurait-elle

douté? — que le lieutenant Georges Archer honorerait de sa présence cette petite réunion.... Oh! bien certainement, il l'honorerait.

Adrien était invité en qualité de domestique. Il devait servir pendant que Ketty, la jeune servante, préparerait les rôties et les sandwiches; miss Armitage avait bien voulu se charger de verser les vins des îles.

A neuf heures et demie on loqueta à la porte de la rue.

Ketty se précipita dans le couloir pour ouvrir; miss Armitage acheva de vider une bouteille de madère qu'elle goûtait depuis son entrée sans pouvoir exactement définir si oui ou non le vin sentait le bouchon; sir John engloutit négligemment deux autres sandwiches, Louvot se tortilla significativement sur sa chaise; tandis que mistress, les cheveux bien tirés sur le front, le visage luisant comme si elle l'eût trempé dans l'huile, s'avançait avec grâce vers la porte du parloir du côté de laquelle se tenait Sendib écoutant battre son cœur.

Dans l'antichambre un confus murmure de voix que dominait la musicale crécelle de la petite Ketty.

Mistress Kirby, jugeant que le visiteur avait eu le temps de se débarrasser de son manteau, ouvrit la porte tout juste au moment où Ketty faisait jouer le bouton en losange du pêne.

« Entrez donc, cher monsieur, certainement, heureuse, oh! très heureuse, bien certainement de vous voir partager notre petit lunch. »

L'étranger s'avança, saluant d'un geste élégant les invités qui s'étaient levés.

« Miss Armitage, monsieur, sir John Turgis, monsieur, le révérend Thomas Rudge, monsieur, le commodore Van den Berg, monsieur.... Nous attendons le lieutenant Georges Archer qui ne saurait tarder plus longtemps à venir.

« Mes chers amis, — tous mes locataires sont mes amis, monsieur, — j'ai le bonheur de pouvoir vous présenter M. Jean de La Tour, un galant officier français à qui nous nous efforcerons de faire oublier les tristesses de la captivité. »

Louvot et Adrien avaient décidé d'un commun accord qu'ils ne se feraient pas tout d'abord reconnaître de Jean pour mieux jouir de sa surprise, qu'il se garderait bien, d'ailleurs, de manifester autrement que par un regard. Adrien s'était retourné vers le dressoir aux tasses et Louvot, tout en s'inclinant devant le nouveau venu, se mouchait bruyamment; les paupières contractées en d'innombrables plis, comme si tous les rhumes de la ville venaient subitement de s'introduire dans son cerveau.

« Croyez que je suis très honoré, mistress.... »

LE GENTILHOMME S'ÉTAIT TROUVÉ EN PRÉSENCE DU BANDIT.

A cette voix, Adrien se retourna; Louvot laissa tomber son mouchoir.

Le personnage qui venait d'entrer était un très élégant gentleman ayant dépassé la trentaine, un peu moins grand que Jean et beaucoup plus gros.

Adrien respira plus à l'aise. Son Jean à lui n'avait donc pas prêté le serment? Ce La Tour-là était un des nombreux La Tour florissant dans les trente-deux provinces de France; il s'appelait Jean comme son La Tour à lui, mais son La Tour à lui n'avait pas le monopole de ce prénom.

Louvot, pareillement, se sentit un poids de moins sur le cœur; car, sans se l'être jamais avoué, ils préféraient ne pas revoir Jean que de le retrouver courbé sous la honte d'un pareil serment.

Mistress, minaudant avec la grâce d'un pachyderme, voulut à toute force que le Français leur contât dans tous ses détails l'*heureux* malheur qui le faisait son locataire. Miss joignit ses prières à celles de l'hôtesse et sir John, la bouche pleine, affirma que nul récit ne lui serait plus agréable.

L'étranger se défendit vainement de cette corvée; il prétexta de sa fatigue, de son insuffisance dans la langue anglaise; on lui demandait d'évoquer des souvenirs bien douloureux et bien récents... rien n'y fit.

« J'étais à bord de mon lougre la *Rosette*... » commença-t-il.

La chute d'une tasse échappée des mains de Sendib lui valut un sévère regard de mistress.

« La *Rosette*... la *Rosette* de Cherbourg?

— Elle-même, commodore. Le brave Lévesque debout sur la dunette interrogeait l'horizon, lorsque notre timonier Badier cria....

— Deviendrions-nous fous capitaine? demanda Adrien à Louvot dès qu'ils furent remontés chez eux.

— Cette fois, garçon, je renonce à comprendre... seulement il ne nous faut pas perdre de vue ce gaillard-là. Décidément ça se complique!... »

Pendant plusieurs jours, Adrien et Louvot qui désormais n'avaient plus qu'un but, retrouver le véritable Jean et le délivrer, se perdirent en conjectures. Safström, homme de bon conseil, sur lequel ils pouvaient compter, n'arrivait pas mieux que nos deux amis à déchiffrer ce problème. Pourquoi cet étranger avait-il revêtu la personnalité de Jean? Comment Tape-à-l'Œil se trouvait-il à Portsmouth? C'était là les deux principaux points.

L'étranger, décidément fort galant homme et gentilhomme jusqu'au bout des ongles, répondait avec la plus parfaite bonne grâce aux avances intéressées du capitaine de la *Marie-Jeanne*, plus adroit diplomate qu'il n'en avait l'air. Louvot espérait bien que dans la conversation il se trahirait et qu'un seul mot lui suffirait peut-être pour le mettre sur une bonne piste. Dans la même semaine Safström l'invita deux fois à déjeuner à bord du *Sund*; il le lui fit visiter dans tous ses détails et il fut aisé à nos amis de se convaincre que le soi-disant Jean de La Tour vivait dans une ignorance absolue des choses de la marine. La découverte n'avait assurément pas grande importance. En revanche, il parut à Adrien que l'English et l'étranger s'étaient défendus non sans peine d'un mouvement de surprise, lorsque les hasards de la visite à bord avaient mis le gentilhomme français en présence du bandit emprisonné dans l'entrepont. Adrien fit part de son observation à Louvot qui ne crut que modérément à son exactitude.

Le dimanche qui suivit l'arrivée de l'étranger chez mistress

Kirby, Louvot l'invita ainsi que Safström à passer la journée au cottage de leur hôtesse.

A onze heures, Louvot partit aussitôt pour aller chercher le Suédois, descendit devant la maison de mistress Kirby, en compagnie de son colossal ami, d'une énorme calèche datant au moins du siècle dernier, frêtée pour toute la journée.

Le Français attendait au parloir l'heure du départ. Sir John debout dans la rue à côté de Ketty et d'Adrien chargés de volumineux paquets, tenant lui-même un baril d'huîtres étroitement serré sur sa maigre poitrine, ressemblait à un chef d'émigrants pour les Grandes Indes tant il avait su faire un judicieux emploi des deux guinées, que Louvot lui avait données pour parfaire le menu.

La calèche chargée des invités s'ébranla et partit à un bon trot dans Elisabeth Street, sous les joyeux claquements de fouet du postillon. Mistress Kirby, penchée à sa fenêtre agitait son mouchoir désespérément en signe d'adieu suprême, comme si plus jamais, oh bien certainement plus jamais, elle n'eût dû revoir ses si chers amis.

XXIV

LES BAGNES DE LA LIBRE ANGLETERRE

La journée se passa gaiement dans le petit cottage. Ketty, passée cicerone, montrait à l'horizon les endroits les plus remarquables :

« Ici l'île de Wight; tout là-bas, perdu dans la brume, le clocher de Chichester; là, sur la gauche, Portsea, enfoui dans les arbres; la plage de Southsea; plus près, Gosport, et à gauche, à moins d'un mille, le château de Porchester, tout juste au-dessus du « trou à patates, » gentleman....

— Le « trou à patates »? interrogea Louvot.

Le gentilhomme français partit d'un franc éclat de rire!

« Comment, Ketty, tu sais cela, toi?... Imaginez-vous, messieurs, dit-il, que nos matelots ont donné ce joli nom au cimetière du bagne, où l'on enterre également les morts de Porchester qui, para't-il, est bien la plus affreuse prison de toute l'Angleterre. Un seul détail vous en dira plus que n'importe quelle description : l'Amirauté a décidé depuis longtemps déjà de ne plus envoyer à l'hôpital de Portsmouth les malades de Porchester, parce que leur nombre est toujours deux ou trois fois plus considérable que celui des lits de l'hôpital. Souvent même on évacue les malades des pontons sur Porchester ; non dans l'espoir de les guérir, mais simplement parce que le « trou à patates » est plus près du vieux château que de l'hôpital. Pure affaire de commodité et d'économie dans le charroi.

— Ainsi, gentleman, vous avez passé dans cet enfer ? demanda sir John, qui ne cessait d'admirer la nature tout en grignotant des biscuits au gingembre, dont il avait bourré ses poches.

— Non, pas moi, sir, mais un de nos hommes, notre quartier-maître. Il se trouvait déjà fort mal en point en quittant Plymouth, où nous avions tout d'abord été conduits ; la traversée a aggravé son mal au point que lorsque, il y a huit ou dix jours, je ne sais plus au juste, nous avons débarqué ici, il ne valait guère plus qu'un mort. Aussitôt une barque l'a mené à Porchester et, selon toute vraisemblance, le pauvre diable pourrit actuellement dans le « trou à patates », comme dit Ketty.

— Votre équipage faisait alors partie du dernier convoi ?

— Oui, monsieur Safström. Il faudra même que je m'informe sur quel ponton il a été versé, car m'étant, dès le débarquement, réclamé de ma qualité d'officier, il m'a suffi de montrer mes papiers pour être conduit à l'Amirauté et mis aussitôt en liberté sur parole. »

Louvot et Adrien ne paraissaient prêter qu'une attention assez vague à ce colloque. Ils venaient d'apprendre ce qu'ils désiraient si ardemment savoir depuis la précédente semaine.

Le lendemain, à l'ouverture des portes du vieux château, ils se présentèrent à la porte de la prison. On ne fit nulle difficulté pour les laisser entrer. Chaque jour, nombre de voyageurs de passage à Portsmouth faisaient la visite des bagnes, achetant aux prisonniers quantité de petits objets que les plus habiles et les plus industrieux confectionnaient, pour adoucir par de petits gains leur atroce misère.

Le château, gardé par une ceinture de remparts plus élevés que le sol de la forteresse, dressait sa masse imposante sur un fond de collines, rampant le long des marais. Le dimanche, les gens de Portsmouth prenaient un grand plaisir à monter sur les talus dominant la cour principale du château. Quantité de petites marchandes de biscuit et de pain criaient leurs marchandises, que les enfants achetaient pour jeter morceaux par morceaux, pain et biscuit, aux prisonniers accourus en aussi grande hâte que le leur permettait la faiblesse de leurs jambes, dès que les cris de marchandes frappaient leurs oreilles.

Adrien sentit son cœur se serrer en entrant dans la première cour où passaient, comme des ombres sortant du tombeau, de misérables êtres presque nus. On les appelait les *Rafalés*, énergique et pittoresque expression de matelots, signifiant que le plus noir vent de misère avait abattu ces malheureux. Une salle spéciale leur était affectée dans la cour; salle construite en planches de sapin mal jointes, où le vent pénétrait, où la pluie tombait sur leurs pauvres corps décharnés. Les *Rafalés* avaient vendu tous leurs vêtements, jusqu'à leur chemise, pour pouvoir se procurer un supplément de pain. En raison de leur excès d'appétit et par un sentiment de pitié au moins bizarre, le gouverneur du château les avait logés dans la cour afin qu'ils pussent fouiller les ordures chaque jour déposés dans un coin!

Louvot fit une abondante distribution de menue monnaie à ces infortunés qui le remercièrent les larmes aux yeux. Dans la salle des morts, où nombre de cercueils vides attendaient, le capitaine aperçut un homme qu'à son tablier il supposa devoir être un infirmier. Il pénétra dans cette salle, voisine de celle des *Rafalés*.

L'infirmier, entendant des bruits, se retourna.

« Un Français, j'en jurerais, fit Adrien à voix basse.

— Eh quoi!... Dennery!... s'écria Louvot après l'avoir regardé.

— Qui m'appelle? répondit l'homme s'avançant de quelques pas.

— Comment, Dennery, ici!...

— Ma parole!... je ne me trompe pas.... Vous, capitaine... vous....

— Oui moi, mon vieux matelot, et pas pour dés prunes, comme tu penses.... Nous bavarderons tout à l'heure.... Connais-tu dans la prison un quartier-maître de la *Rosette*, un petit lougre de Cherbourg qui a fait assez parler de lui, bon Dieu!....

— Si je le connais!... numéro 15... Badier, de Granville, ex-timonier à bord de la *Victorieuse*.... Vous connaissez bien Badier, capitaine?

— Comment, le quartier-maître en question, c'est Badier, mon vieux Badier, avec qui j'ai fait ma première communion?

— Lui-même, capitaine, et prêt à filer d'ici à la première occasion, quoique la chose ne soit pas facile, malheureusement. »

Dennery conduisit les deux visiteurs au premier étage. Le quartier-maître reposait, la tête appuyée sur la paume de sa

main, étendu sur son lit, le regard perdu vers la haute
fenêtre grillée.

L'infirmier arrêta d'un geste sur le seuil de la porte ceux
qu'il accompagnait et se dirigea vers le lit de Badier.

« Hé! vieux... une visite... ferme ton écoutille et ouvre l'œil.

— Qu'est-ce qu'il y a donc? fit le matelot surpris des précautions oratoires de son ami.

— Louvot!... tu entends bien... gueule pas, surtout...
Louvot qui vient te voir.... T'as pas l'air de comprendre...
Louvot de la *Marie-Jeanne*, avec un moussaillon.

— Bon!... murmura le quartier-maître. Fais accoster, je
suis paré. »

L'infirmier fit un signe. Adrien et Louvot s'avancèrent entre
la longue rangée des lits où les prisonniers achevaient de
souffrir.

On juge de l'émotion des deux matelots en se retrouvant
dans de telles conditions. Le quartier-maître rayonnait de
joie... il était sûr désormais de son évasion. Il apprit à Louvot
que Jean et son équipage faisaient en effet partie du dernier
convoi, qu'ils avaient été versés sur le ponton n° 7, *le Guilfort*,
autre vieille frégate réformée; que Tape-à-l'Œil, chassé du
ponton, avait dû aborder non loin du goulet. Quant au faux
Jean, il ne savait que penser. En ce qui le concernait, lui
Badier, d'accord avec Dennery, il devait tenter le soir même
un grand coup, un coup qui réussirait avec la grâce de Dieu,
puisque décidément la Providence s'en mêlait en lui envoyant
Louvot juste au jour fixé pour sa fuite.

« Faudra seulement vous trouver au cimetière, capitaine,
à neuf heures sonnantes, pas vrai, Dennery?.. là on rira un
brin.... Maintenant.... *motus*! acheva Badier en posant son
index sur sa bouche. »

Ce rendez-vous macabre étant pris, on se sépara le cœur un peu plus gai.

Une heure après, nos deux amis montaient à bord du ponton *le Guilfort* et, sans trop de longues recherches, tombaient dans les bras de Jean, qu'ils hésitaient presque à reconnaître sous sa vareuse de simple matelot. Après les premières effusions des trois amis, le capitaine raconta alors l'arrivée chez mistress Kirby du gentilhomme français, qui s'était présenté sous son nom, muni de ses papiers; il dit sa parfaite connaissance de la composition de l'équipage de la *Rosette*, bref toutes les circonstances qui avaient caractérisé sa venue.

« On m'a en effet volé mes papiers, répondit Jean, mais comme je ne comptais pas m'en servir, que je ne songeais au contraire qu'à les détruire, ne voulant pas quitter mes matelots, je me suis bien gardé de me plaindre. Ce vol favorisait bien trop mon projet.... Quant au personnage qui se donne pour moi, je serais bien embarrassé de vous dire qui il est.... Cependant... je suppose qu'il devait faire partie d'un groupe d'émigrés en route pour l'Amérique, à bord d'un navire de commerce de Nantes, capturés par un croiseur anglais en vue de Belle-Isle et passés au bord de la maudite corvette qui venait de me reprendre l'*Orion* et faisait voile pour l'Angleterre afin de nous y déposer.

— Eh bien, mon cher Jean, le gentilhomme en question occupe votre personne à l'heure présente, comme il a dérobé vos papiers.

— Peuh ! fit Jean avec indulgence, à la guerre comme à la guerre. Jusqu'à nouvel ordre je me nomme Baptiste Fouace, gabier. Je suis auprès de mes matelots et j'y reste. Pour le sire en question, que Dieu lui vienne en aide, quoique ce soit le prier d'intervenir dans une bien mauvaise cause. »

LE VIEUX RACCOMMODAIT SA CULOTTE.

Les trois compagnons demeurèrent ensemble jusqu'au soir. Adrien lui fit part de sa capture du roux jeune homme anglais. Dès le début, il l'avait rassuré sur le sort de Tape-à-l'Œil, ce bon Tape-à-l'Œil qui annonçait la présence des hommes de la *Rosette* dans leurs parages. Le chien avait accompagné le jeune lieutenant à Portsmouth, sur l'instante demande de Jean, qui, jusqu'à son dernier transbordement et par unique pitié pour la bonne bête, s'était réclamé de son grade. Mais à bord du *Guilfort*, les prisonniers mangeaient les chiens, dévoraient les chats parce que les chats mangeaient les rats, et les rats aussi, parce que les rats vivaient aux dépens de leur pain. Il avait donc dû, à son grand chagrin, demander à un marchand, faisant sa tournée à bord du ponton, de prendre Tape-à-l'Œil et de le nourrir jusqu'à nouvel ordre. L'animal, selon toute vraisemblance, était alors tombé sur la piste de Louvot et d'Adrien. Elle l'avait conduit à Blue Friars.

« Maintenant, conclut Louvot, il ne s'agit plus que de gagner le large. J'espère bien qu'avant huit jours vous ne moisirez plus ici, mon jeune camarade.

— Je partirai le dernier, capitaine. Je commandais l'*Orion*, et puisque je n'ai pas su ramener mon équipage en France, il est juste que je partage la captivité qu'il subit par ma faute jusqu'au dernier jour. C'est mon devoir.

— Comptiez-vous un homme d'âge parmi vos matelots de l'*Orion*?

— Un véritable héros, le père Liais... le vieux que vous voyez là-bas, près de l'entrepont.

— Alors je réponds de tout. Il faut des têtes grises dans un projet.

— Liais! fit Louvot, en abordant le vieux qui raccommodait sa culotte.

— Qu'est-ce qu'il y a? fit le bonhomme, sans regarder son interlocuteur.

— As-tu entendu parler sur la côte du capitaine Louvot?

— Le capitaine Louvot!... bon Dieu de bon Dieu! s'écria Liais en se relevant. J'étais sur mon vieux bateau le jour où il a ramené sa prise avec la *Marie-Jeanne*. Un brave!... pour sûr!...

— Louvot c'est moi, un ami de ton lieutenant, l'ami de tous les matelots de la *Rosette*, le franc matelot de Lévesque. Va falloir dire adieu aux *English*, Liais, gagner au vent sans qu'ils s'en aperçoivent.

— On est paré pour la chose, capitaine, grogna le bonhomme.

— Déjà!... tu n'as pas perdu de temps. Mais il faut que tout l'équipage file du même coup.

— Naturellement. Vous ne pensez pas que je filerai seul, bien sûr! ajouta le matelot d'un ton bourru.

— Sûr que non. On connaît son monde. Ton plan? »

Le vieux tira de sa poche une poignée de miettes de bois.

« Mon plan, le v'là.... Un sabord que je taille à l'arrière quand les camarades dorment dans leurs hamacs.... Ça ne va pas vite, faut de la prudence. Encore quinze jours à gratter pour qu'il ne reste plus que tout juste assez de bois sous la peinture du dehors. Alors, par une nuit sans lune... une bonne poussée sur le panneau et un à un on passe... tout doucement... en glissant sur une solide amarre le long du gouvernail. On nage à la muette vers les marais, on atterrit derrière les joncs, on défait le paquet de hardes que l'on a porté au-dessus de sa tête, on s'habille et on file à l'anglaise, par politesse pour le pays; faut se conformer aux usages, ricana le bonhomme. On prend rendez-vous à Southsea où l'on choisit parmi les bateaux de plaisance celui qui ramènera en France tout l'équipage. Voilà.

— Fameux! fameux! matelot.

— Pas?... On s'a déjà ensauvé deux fois comme ça, depuis qu'on mange du pain.

— Les camarades sont prévenus?

— Ils ne savent pas ça, les camarades. »

Le père Liais fit claquer son ongle sous sa dent.

« Vaut mieux gratter le bois que parler, capitaine.

— Juste. Seulement, tu changeras le lieu du rendez-vous.

— Bon, capitaine.

— Tu leur diras de nager vers le « trou à patates », c'est plus près.

— Bien, capitaine, on tirera sa coupe de ce côté. »

Louvot fit signe à Adrien de le suivre et tous deux quittèrent le ponton, après s'être arrêtés auprès de divers groupes de prisonniers auxquels ils distribuèrent quelques secours.

« Oust! garçon, embarque pour le cottage, dit Louvot à son compagnon, dès qu'ils furent sortis de la chaloupe qui les avait conduits au ponton *le Guilfort*, le cap sur Portchester, nous avons à « jardiner » ce soir... on va piocher la terre... hé... hé.... »

LA CHARRETTE S'ENGAGEA SOUS LE PORCHE.

XXV

UN MORT VIVANT

Trois heures sonnaient à la vieille horloge du château. Le soleil, après une fugitive apparition dans la matinée, ne témoignait plus de sa présence dans la nue que par de louches lueurs jaunâtres perçant péniblement la brume montante, au-dessus de l'opaque perspective des marécages.

« Une pinte d'ale, Harrisson, avant de commencer la besogne?

— S'il vous plaît, Dennery, je préférerai deux doigts de wisky; le wisky me met plus de cœur au ventre et le portier en a d'excellent. »

Les deux hommes quittèrent la salle d'hôpital où nous avons retrouvé Badier, dans le chapitre précédent.

Lorsque la porte fut refermée, dans le fond de la salle une tête velue sortit des couvertures. L'homme se souleva d'abord sur un coude, tendit l'oreille, se mit sur son séant et, ne percevant du côté de l'escalier aucun bruit insolite, se leva, passa ses vêtements en grande hâte, demeura nu-pieds, et sans bruit se dirigea vers le lit voisin.

De vagues plaintes s'élevaient sous les rideaux des autres lits, de tendres appels à une mère absente, des fragments de prières interrompues par des soupirs, des noms de villages que l'on ne devait jamais revoir!

Dès qu'il fut près du lit, l'homme, un couteau à la main, glissa la lame de son instrument entre les deux épaisseurs du drap qui recouvrait de ses plis lourds un cadavre, et tailla une large ouverture dans le linceul, coupant seulement le grossier fil de caret qui le cousait. Rabattant alors la funèbre enveloppe jusqu'à mi-corps de sa main gauche, il souleva le corps de l'autre main qu'il glissa sous ses reins, et d'un geste rigide fit couler le sac jusqu'aux pieds, puis l'arracha vivement et le plaça aux pieds du lit. Enlevant alors de ses deux bras le cadavre, il alla avec précaution le déposer sur son propre lit, lui tourna le visage contre la muraille, le recouvrit de ses couvertures, rabaissa les rideaux et, revenant au lit du mort, se glissa dans le linceul et attendit.

Badier venait de réaliser heureusement la première partie de son programme.

Un bruit de pas lui annonça quelques minutes après le retour d'Harrisson et de Dennery.

Celui-ci, d'un coup d'œil, se rendit compte que la substitution était opérée.

Badier eut un terrible moment d'anxiété.

« Y allons-nous, Harrisson?

— Allons-y, camarade. Combien aujourd'hui?

— Cinq seulement....

— Pas plus!... On voit qu'ils sont bien soignés! » Et il s'esclaffa de rire.

Harrisson saisit un des morts par les pieds, le tira hors de son lit. Le corps tomba avec un bruit sourd sur les dalles. L'Anglais, passant alors les mains derrière son dos, remorqua le cadavre, comme un meunier traîne un sac de blé.

Au second voyage, Dennery descendit son camarade, laissant Harrisson partir le premier.

Harrisson revenait déjà, lorsque l'infirmier parvint au bas de l'escalier.

« C'est le 9, celui-là... joliment lourd, hein?

— Un vrai paquet de plomb. »

Dennery traversa la cour, entra dans la salle des morts avec son fardeau, qu'il coucha auprès de la bière qui lui était destinée.

Personne autour de lui.

Il se pencha sur le corps :

« Ça va, vieux?....

— On navigue au vent... ça marche pas mal pour commencer. Est-ce toi qui accompagnes, Dennery?

— Je ne sais pas encore... faut rien brusquer... t'auras de l'air par l'écouvillon que j'ai taillé au fond de la bière.

— As pas peur et vire de bord. »

Harrisson ayant descendu le cinquième corps, les morts furent aussitôt cloués dans leurs cercueils et hissés sur la charrette attendant devant la porte.

Dennery eut soin de placer, avec l'aide d'Harrisson, le cercueil de Badier tout à l'avant, de façon à ce qu'il fût déchargé en dernier lieu, et conséquemment mis en terre au bout de la tranchée, toujours ouverte dans l'attente de sa proie quotidienne. La délivrance devenait une affaire de quelques minutes, grâce à cette précaution dont Louvot et Adrien avaient été instruits la veille.

« Voilà le jour qui baisse, Harrisson... vous n'aurez pas fini avant la nuit noire; voulez-vous que je vienne vous donner un coup de main, là-bas? comme l'autre jour....

— Savoir si on permettra. Je vais le demander au chef. »

Harrisson revint au bout d'un instant.

« Accordé, fit-il. Partons. »

La charrette traversa la cour et s'engagea sous le porche. Le portier ouvrit les deux battants de la porte donnant sur le pont-levis. Aussitôt le sergent de garde parut.

« Deux hommes par ici ! » commanda-t-il.

Deux soldats sortirent du poste, le fusil au bras.

« Accompagnez la charrette », fit le sergent.

Le concierge écoutait l'ordre, l'air parfaitement ébahi.

« Ah ! çà, sergent, est-ce qu'on va se mettre sur le pied maintenant de rendre les honneurs militaires à ces charognes françaises ? »

Le sergent éclata de rire en même temps que Harrisson.

« C'est crainte des évasions, farceur ! L'ordre est venu ce matin de l'amirauté. »

Le crépuscule demeurait encore assez clair lorsque la charrette entra dans le cimetière des Français.

Harrisson referma la porte à double tour.

La nouvelle tranchée s'ouvrait le long du mur opposé à la porte, distante d'une centaine de toises environ.

Debout sur la terrasse du cottage, dissimulés derrière un pilier de brique recouvert de lierre, Louvot et Adrien se tenaient aux aguets, braquant leurs deux lorgnettes dans la direction du cimetière.

« Ils descendent les cercueils, dit Adrien... cinq... j'en ai

compté cinq.... Pauvre Badier!... Voilà qu'ils ramènent la
terre.... Tiens, des soldats que je n'avais pas vus....

— Des soldats?

— Oh! je les distingue très bien... tenez, là-bas, de l'autre
côté de la tranchée.... Par exemple, je ne vois plus Dennery,
ni l'autre homme.... Comme la nuit vient vite!...

— Tu es bien sûr que Dennery est un des deux hommes?

— Oh! absolument certain.... »

Louvot saisit tout à coup le bras d'Adrien.

« As-tu entendu? Paix! Tape-à-l'Œil, paix donc!... »

Un cri, puis un autre, un vague murmure de voix effarées
montaient dans l'air. Vers le cimetière, deux lueurs suivies
aussitôt de deux détonations.... Un grand silence se fit. Une
poignante angoisse pour les deux amis.

« Dennery s'évade... on le poursuit, s'écria le capitaine.

— Capitaine, capitaine... là-bas... ne voyez-vous pas une
forme plus sombre qui vient dans cette direction?... elle
court, elle bondit, on ne lui donne pas la chasse... j'en
suis sûr, car j'apercevrais bien mieux encore les habits
rouges, s'ils venaient derrière....

— Tu as raison, gars!... les sentes des cottages ou les joncs
des marais.... Dennery n'a pas à choisir et il nous sait ici. »

Tous deux s'élancèrent dans le jardin, tournèrent à gauche
de la maison et sortirent par une petite porte percée dans le
mur.

A vingt pas d'eux, par delà une haie, un homme venait avec
la rapidité d'un lièvre poursuivi par les chasseurs. D'un saut,
il franchit la haie. Adrien s'élança à sa rencontre.

« Dennery! fit-il à mi-voix.

— Et d'un! » haleta le fugitif, à bout de vent.

Les trois hommes rentrèrent dans le jardin et attendirent,

Par prudence et pour causer plus à l'aise, ils gagnèrent la maison hermétiquement close.

Dennery s'affala sur son siège, ne pouvant reprendre haleine, tant sa fuite avait été vertigineuse.

Ah! il n'avait pas perdu la tête, le compagnon. Un rapide coup d'œil entre les quatre murs du « trou à patates » et son parti était pris. Aussitôt l'inhumation terminée, d'un bond il s'était élancé sur la toiture basse d'un petit appentis sous lequel Harrisson remisait brouettes et outils, et avait franchi le mur.

« Tonnerre! qu'y a-t-il donc? avait crié Harrisson, sortant précipitamment de dessous l'appentis; est-ce que le hangar s'écroule?... »

A sa voix, les deux soldats s'étaient retournés et avaient aperçu le fugitif déjà à cheval sur le mur.

C'est à ce moment que les deux coups de fusil étaient partis.

« Sans doute, dit-il en achevant son récit, les habits rouges ont voulu prendre le même chemin que moi, et sans doute aussi que leur derrière était trop lourd, car lorsque je me suis arrêté à un quart de mille pour souffler un brin, j'ai entendu la porte grincer et vu mes gaillards courir dans la direction des marais, où presque toujours les évadés cherchent un premier refuge.

— Que vont-ils faire, maintenant, selon vous? interrogea Adrien.

— Pas difficile à deviner! d'abord à cette heure les deux soldats sont déjà fourrés en prison, en compagnie d'Harrisson, supposé complice de ma fuite, et le sergent discute avec le portier pour savoir si oui ou non il faut prévenir le gouverneur....

Alors, en route et le cap sur le cimetière, par la venelle,

les haies nous cacheront presque jusqu'au mur. Nous aurons
déterré le gars avant que là-bas ils aient fini de bavarder. »

Louvot promena une dernière fois sa lorgnette dans tous
les sens. Rien de suspect n'apparaissait. Sur les marais ruis-
selants de lumière, les joncs balancés au vent; sur la route
conduisant au château, pas une ombre mouvante.

XXVI

REVANCHE SUR LA MORT

Adrien alla quérir sous un hangar une échelle légère et les trois compagnons, l'enfant à leur tête, se mirent en marche par file indienne.

A mi-chemin, un geste de l'apprenti arrêta net la petite troupe. Sa main étendue vers le château montrait un va-et-vient de lumières brillant, disparaissant, rapides et fugitives aux fenêtres de la vieille tour.

« Les appartements du gouverneur, murmura Dennery atterré.

— Au pas de course! commanda Louvot, ou nous revenons bredouille. »

Cinq minutes après, l'échelle était posée contre le mur, juste contre l'appentis qui avait aidé Dennery dans sa fuite. En moins de rien, les trois hommes se trouvèrent dans « le trou à patates » boursouflé de tas de terre, ainsi qu'une monstrueuse taupinière.

« Vite, à la grille, et fais le guet, petit. »

Les voix de ses deux compagnons bien qu'étouffées arrivaient à ses oreilles.

« Badier.... C'est nous.... Hé! Badier.... Réponds donc.... Parole! il est mort, capitaine.... Non, son cœur bat.... »

Dans la grande cour de Portchester, une lanterne se balança, puis une autre.... Adrien en compta cinq surgissant de l'ombre coup sur coup. Au premier étage, la façade était redevenue sombre.... Un vague bruit, comme un cliquetis d'armes, troubla la nuit silencieuse.

Le jeune homme courut à la fosse. Louvot essayait en vain de ranimer le corps étendu devant la bière éventrée.

« Vite, chargez-le sur vos épaules.... Au nom du ciel... hâtez-vous!

— Bien, garçon, répondit Louvot tranquillement. Crois-tu que nous avons le temps? ajouta-t-il, en se baissant pour saisir Badier à pleins bras.

— Tout juste, je le crains. »

Le capitaine essaya de poser debout le quartier-maître absolument inerte. Dennery le maintint non sans peine. Louvot, se retournant alors, renversa ses bras en arrière, saisit les poignets de Badier, et se courbant sous son fardeau, pour en alléger le poids, marcha vers l'échelle.

« Passe le premier, Dennery, pour le recevoir. »

Lorsque l'infirmier fut derrière le mur, Louvot monta à son tour avec précaution, fit basculer le corps et passa après lui; le saut n'était pas pour effrayer un matelot de son espèce.

Adrien allait les suivre, mais au moment ou il posait le pied sur l'échelle, il s'arrêta pour écouter. Un lointain bruit

de chaîne indiquait qu'on abaissait le pont-levis. En quelques
sauts il fut près de la porte. Il regarda à travers les barreaux
de la grille. Cette fois, les lanternes paraissaient briller au-dessus
des remparts, juste sous le porche. L'enfant avait, un moment
auparavant, avisé une lourde pierre contre le pilier de la

LOUVOT ESSAYAIT DE RANIMER LE CORPS.

porte. D'un suprême effort, il l'ébranla et parvint à la faire
rouler contre les deux battants.

« Voilà qui nous donne quelques minutes de plus », pensa-t-
il, et reprenant sa course, son échelle sur l'épaule, il courut
rejoindre ses amis, non sans se retourner une dernière fois
vers la prison.

Les lanternes balancées de gauche à droite, dans une
régulière cadence, s'avançaient au bas des glacis du fort.

« Il était temps, capitaine... regardez... les voici sur le
chemin du cimetière.

— Plaçons le bonhomme sur l'échelle, capitaine », dit vivement Adrien, en posant son fardeau sur le chemin.

Badier fut allongé sur cette civière d'un nouveau genre. Dennery se mit à la tête pour soulager Louvot, et Adrien, quoique en dît le capitaine, alla devant remplacer l'infirmier.

Très rapidement, ils parvinrent ainsi au sommet du coteau. De gros nuages s'épaississaient autour de la lune depuis un instant. Nul risque d'être surpris.

Une suite de coups sourds, étouffés, ébranla l'air.

Adrien se laissa aller à rire.

« Cogne, cogne, faut d'abord dégager la pierre, l'Anglais, et bonsoir chez toi. »

Les murs du cottage se dressaient enfin devant les trois hommes.

Ils étaient sauvés.

Badier fut monté au premier étage, dans une obscure petite pièce prenant jour seulement sur l'escalier. On pouvait y allumer une chandelle sans crainte de se trahir.

Le premier maître, étendu sur le parquet, demeurait toujours inanimé. Son pouls battait cependant un peu plus fort et son teint hâlé avait perdu cette teinte grise, terne, cadavéreuse qu'il avait au moment de son exhumation.

Adrien descendit chercher une bouteille de vieux rhum heureusement oubliée par sir John Turgis dans la salle à manger.

« Ils viennent par ici… les Anglais…, fit-il à voix basse, en remontant… j'ai entendu leurs pas…. »

On heurta à la porte du jardin, une fois, puis une autre.

« Cogne, cogne, l'Anglais, murmura dans sa joie Louvot, imitant de son mieux la voix assourdie d'Adrien, quand tu auras assez cogné, tu nous laisseras tranquilles. »

L'apprenti se glissa hors de la pièce et se mit en observation auprès d'une étroite lucarne ouverte sur le jardin. Un groupe de soldats attendait devant la porte; un peu plus loin, le sergent regardait attentivement le long des haies.

« Ils vont ainsi fureter dans tous les cottages, chuchota le capitaine, mais nous pouvons demeurer tranquilles, on n'entre pas comme ça dans le *home* d'un Anglais. »

Un bruit mat de chaussures raclant les pierres de l'escalier, de chocs métalliques, des heurts de fusils, secs, clairs, sonores, sur les marches du perron, lui firent connaître la retraite des soldats.

« Encore un coup de rhum, vieux!... »

Bravement, Louvot laissa couler une gorgée de liquide entre les lèvres du premier maître, toujours inerte. Ses paupières se relevèrent, il regarda le capitaine, les pupilles dilatées; sa bouche s'ouvrit, et les bras subitement projetés en une violente détente, les mains crispées, comme si elles voulaient repousser quelque affreuse vision, Badier laissa échapper de sa poitrine un son rauque, véritable cri de bête traquée.

L'infirmier se jeta sur lui et très adroitement le bâillonna avec sa cravate dénouée.

Badier se débattait, essayait de se soulever. Dennery le maintint par les épaules et Louvot s'assit sur les jambes du quartier-maître.

Adrien vit cette scène horrible et grotesque à la fois en rentrant dans la petite pièce.

L'enfant eut une inspiration. Sur une petite table, était posée la bouteille de rhum et un pot d'eau. Il prit le pot et, d'un geste plus prompt que l'éclair, en jeta le contenu à la face du quartier-maître.

Suffoqué par la fraîcheur de l'eau, Badier eut un haut-lecorps de détente, un tressaut qui dégagea ses bras. Adrien vit que son regard avait perdu de sa fixité, il s'avança vers lui et lui enleva son bâillon. Il pouvait d'ailleurs vociférer à son aise, le ressuscité! plus un habit rouge ne pouvait l'entendre. Les dernières lanternes venaient de disparaître sur le chemin de Gosport et le vent soufflait de ce côté, honnête complice de ce sauvetage macabre.

« Ousqu'on est donc ici? murmura Badier.

— T'occupe-donc pas de l'endroit. A la tienne....

— Non pas... à celle du capitaine.... C'est drôle... je reconnais pas l'endroit.... Bon, ce rhum.... Nom d'une barque... on en ferait son ordinaire... pour sûr.... Ça me ferait-il mal, un autre verre?

— Jamais de la vie! Mal... du rhum!... Allons donc!... »

Adrien, promptement remonté sur son observatoire, revint dans la salle, avec Tape-à-l'Œil, cette fois.

Le bon chien, flairant Badier, frétilla de la queue et brusquement, selon son habitude, posa ses grosses pattes sur les épaules du premier maître qu'il lécha consciencieusement. « Tape-à-l'Œil, s'écria-t-il joyeux. Ah! ben, mon brave toutou, je comptais guère te revoir.... Oh! le bon chien... ous qu'on est donc... mon Dieu... ous qu'on est donc?

— T'es avec nous, Badier... avec tes amis.... Allons, un dernier coup de trinque avant de nous séparer, hein? »

Le quartier-maître sentait ses paupières lourdes. Sa tête, affaiblie par tant d'émotions, ne résista pas à une nouvelle rasade, ses bras s'allongèrent, son corps s'affaissa enfin dans un sommeil profond.

Dennery, aidé de Louvot, le coucha dans le propre lit de mistress Kirby, celui qu'elle honorait de sa préférence, lorsque, par hasard, l'été, cette chambre demeurant inoccupée, elle accourait charitablement charmer ses locataires de son inappréciable conversation.

« En voilà maintenant pour jusqu'à demain! soupira Dennery avec satisfaction, tous les tonnerres des tropiques ne le réveilleraient pas. Seulement, gare au réveil!

— Maintenant, le petit gars, demanda Louvot, crois-tu que nous puissions filer?

— Les soldats sont rentrés au fort depuis près d'une heure.

— Alors l'affaire est enterrée... mieux que Badier. Toi, Dennery, reste ici jusqu'à nouvel ordre et ne mets pas le nez dehors. Je vois qu'il reste encore de quoi manger dans la cambuse, jusqu'à demain au moins; avant la nuit prochaine, nous reviendrons arrimer la soute aux vivres. En marche, garçon, et par la grand'route maintenant... faut aller narrer la chose au capitaine du *Sund*. »

XXVII

MISTRESS KIRBY LOUE SON COTTAGE

Elle ne trouvait pas de mots pour exprimer sa joie; certainement les paroles lui manquaient, à l'éloquente mistress Kirby, oh! bien certainement... le jour ou le commodore Van den Berg lui fit part de sa résolution de louer pour la saison son petit cottage. Non qu'elle fût le moins du monde embarrassée de trouver amateur. Qui aurait pu le croire à Blue Friars, qui même aurait osé le dire à Portsmouth? Mistress Keath n'avait-elle pas déjà manifesté l'envie de reprendre le premier étage? Miss Florence Templeton et sir Lewis Moore, le libraire, et le bon Gummidge, le propre frère de Gummidge and Cº, l'affréteur, et miss Savinia, la vieille tante du petit Traddles, et le révérend Fleming et ce pauvre Bob Heep, le vieux petit *comptable* des docks qui *comptait* si bien y greffer encore quelques rosiers?... Ah!... elle n'en manquait pas de locataires!...

« Ravie cependant, oui, commodore, ravie de vous garder encore quelques mois, en vérité, ravie. »

Sir John Turgis partagea la satisfaction de son hôtesse et tenta quelques allusions à certain projet... pourquoi ne pas le dire? à la nécessité de réunir à la si hospitalière table de mistress quelques bons amis... des intimes seulement pour fêter cette heureuse circonstance... un petit lunch... tout simple... quelques douzaines d'huîtres, du poisson, du gibier, une ou deux oies et puis ce serait tout... avec un Roust-Beef, — bien entendu, — quelques légumes verts et le classique pudding.

Bien mieux que pas un médecin, Louvot avait su soigner Badier, enseveli avant la lettre; et nul *chemist* de Portsmouth n'eût trouvé dans les fioles de son officine un médicament d'un effet aussi sûr que le vénérable rhum distillé aux Antilles, qui avait vivifié, calmé et finalement endormi le quartier-maître, jusqu'à l'heure où, dans le lointain, Dennery put entendre, le lendemain matin, la lourde cloche de Portchester s'ébranler pour l'appel aux vivres.

L'infirmier brusqua fort adroitement le réveil du ressuscité.

« Ça y est, vieux... tu es libre... libre, tu entends... plus de prison... le coup de l'enterrement a réussi... inspecte-moi cette chambre... est-ce proprement arrimé, hein?... Si on buvait un coup... du Porto ou du vin des Canaries? »

Badier, encore un peu effaré, jetait des regards inquiets autour de lui.

Un trot de cheval, un roulement de voiture brusquement arrêtée, un coup de cloche détournèrent sa vague contemplation.

Dennery se leva et regarda au dehors qui sonnait.

« Le mousse à Louvot, fit-il en rentrant.

— Bonjours, père Badier! cria joyeusement le jeune homme s'approchant du lit.... Allons, leste.... Sautons du hamac. Voici une paire de rasoirs que le capitaine vous envoie... faut couper votre barbe et changer de costume.... Regardez-moi les hardes que j'ai sous le bras.... Si l'on ne vous prend pas pour un bon bourgeois de Portsmouth sous ce fin drap, je veux que la *Rosette* ne soit plus qu'un méchant bachot.

— Alors... comme ça... on s'en va.... C'est drôle... je ne me reconnais pas ici. »

Dennery lui passa culotte et houppelande de drap brun, une belle houppelande à double collet dont Louvot faisait ses dimanches. Il le chaussa de souliers à boucles et le guêtra de bouracan. Badier ainsi accoutré pouvait aisément passer pour un bon fermier du Hampshire.

Fouette, cocher! Adrien était grimpé sur le siège de la voiture, une sorte de char-à-bancs attelé de deux excellents poneys d'Écosse, qu'un client de Turgis avait bien voulu céder, le matin même, au capitaine pour le double de sa valeur, — transaction qui coïncida avec l'acquisition, par sir John, d'une très opulente pelisse; — Badier et Dennery s'assirent dans le fond sur une banquette, et trois quarts d'heure après, Louvot ayant été cueilli dans Élisabeth Street devant le bar des *Amis de la frégate*, l'équipage gagna le port.

Le premier maître eut un tressaillement devant la forêt de mâts hérissée sur le ciel. Safström attendait debout sur le quai près de sa chaloupe. Tout le monde embarqua. Le premier soin de Badier, une fois debout sur le pont du *Sund*, fut de retirer sa houppelande et son habit qu'il plia soigneusement ; il déboucla ses guêtres, enleva ses chaussures et avisant un pantalon de toile étendu sur le bastingage, il le passa par-dessus sa belle culotte et, se sentant la poitrine nue, les pieds libres, il eut un rire silencieux.

Safström n'eut pas de peine à convaincre le prudent Louvot qu'il fallait renoncer à faire reprendre pied au premier maître sur la terre ferme.

Le meilleur de tous les asiles pour lui, le milieu le plus favorable n'étaient-il pas le pont du trois-mâts suédois !

Huit jours après les événements que nous venons de raconter, les habitants de Portsmouth furent éveillés de grand matin par une salve de sept coups de canon, répondant à un salut envoyé du large par un élégant petit navire, qui venait de doubler l'île de Wight, pour entrer dans la rade de Spithead.

Louvot et son jeune ami, partis de Blue Friars avant l'aurore, avec l'aide de Dennery et de la petite Ketty, obligeamment prêtée à son locataire par mistress Kirby, procédaient aux derniers aménagements du cottage.

« Un parlementaire ! fit Louvot interrompant son travail.

— La paix alors !... » demanda vivement Adrien.

Le capitaine leva les épaules :

« Avec les discours de Pitt ici, et ceux de Robespierre chez nous, nous ne somme pas près de l'avoir, la paix !... mon brave gars. En attendant, les English ont été gentiment débarqués à Toulon, et leur amiral Hood y a eu sa soupe bien trempée ! »

De la terrasse construite en avant-corps de la maison, les nouveaux hôtes du cottage assistèrent à l'entrée du petit brick français. Il portait le drapeau aux trois couleurs flottant à la

corne d'artimon, et hissé au petit mât de cacatois, le pavillon
anglais. Il naviguait seulement avec deux canons pour, dans
l'occasion, appeler un pilote ou demander assistance.

« Il y aura ce soir pas mal de camarades heureux sur les
pontons, capitaine, fit l'infirmier. Les lettres des parents

LE BRICK PORTAIT LE DRAPEAU AU TROIS COULEURS.

consolent et les vivres... ça se décachette peut-être encore
plus vite. Les parlementaires font leur lest en jambon, pain
et légumes secs... ça vaut mieux que de la gueuse ou des
cailloux. »

Le serviable Safström avait donné à Louvot une dizaine
de hamacs tirés des soutes du *Sund* pour les matelots de la
Rosette dont le père Liais avait fixé définitivement l'évasion
au dernier jour de la lune. Comme le temps s'était montré
exceptionnellement beau durant toute la quinzaine, et pro-

mettait encore de superbes journées, jusqu'à la fin de la période, — la brise soufflant de l'est, — le vieux augurait de tutélaires pluies pour la lune prochaine, et ne comptait pas attendre son premier quartier pour ouvrir son sabord.

La réussite de son projet ne faisait aucun doute dans son esprit.

Mistress Kirby, assise près de l'étroite fenêtre du parloir, guettait le retour de son locataire depuis deux bonnes heures au moins, lorsque les deux poneys conduits par Adrien s'arrêtèrent devant sa porte, à la tombée de la nuit. Le commodore descendit de la voiture.

A travers les rideaux soulevés derrière les vitres, Louvot aperçut sa trop aimable hôtesse multiplier des deux mains une foule de signaux, soulignés par des clignements d'yeux sans doute fort éloquents! car les lèvres de mistress s'étaient mises à l'unisson des mains, affectant toutes les formes géométriques qu'une bouche peut prendre.

D'avance, le capitaine se résigna. Cette télégraphie annonçait évidemment un prochain discours.

Mistress attendait déjà sa victime dans le corridor, lorsque Adrien, non moins atterré que son ami, ouvrit la porte de la rue, après avoir confié son équipage à un garçon d'écurie qui, dès cinq heures, stationnait devant la maison, pour ramener les chevaux à l'écurie.

Louvot saisi, enlacé, capturé par le monstre fut précipité plutôt que conduit dans le parloir.

« Le parlementaire est là-haut, cher commodore, chez M. de La Tour.... Sinon lui... du moins quelqu'un de son escorte.... C'est à moi qu'il s'est adressé.... Fort joli garçon, en vérité, ce jeune homme.., miss rentrait en même temps.... Peut-être ignorez-vous qu'un parlementaire est entré dans le port ce matin... un Français naturellement... avec qui l'Angleterre pourrait-elle parlementer? Demeurez un instant avec moi, vous le verrez repasser. Mais j'entends une porte s'ouvrir là-haut... sans doute, le jeune parlementaire va descendre. »

Mistress revint à son observatoire, forçant l'infortuné capitaine à s'asseoir auprès d'elle.

En face, Adrien faisait les cent pas sur le trottoir de la banque Davis.

L'officier français, arrivé le matin, descendait en effet. Louvot dut reconnaître, malgré ses préventions hollandaises! qu'il avait certainement bon air avec son teint mat, ses boucles brunes et son nez aquilin dont mistress paraissait enthousiaste encore plus que de ses fines moustaches noires.

Le parlementaire traversa la rue pour gagner les quais et probablement retourner à son bord. Louvot ne fut pas peu surpris de voir Adrien prendre la même direction. Son étonnement eût été bien autre s'il avait vu peu après son compagnon aborder le nouveau débarqué et, sur l'échange de quelque mots, faire route avec lui.

« Veuillez m'excuser, mon officier, dit Adrien, si je me permets de vous adresser la parole, n'étant pas connu de vous, mais la nécessité m'y force.

— Parlez, mon jeune garçon.... Vous êtes donc Français?

— Français de Paris, mon officier.

— Que puis-je pour vous?

— Rien, mon officier... mais retournez la question et vous saurez pourquoi je vous ai abordé.

— Dois-je entendre que vous pouvez m'être utile?

— Très utile, monsieur le parlementaire.... Le personnage que vous venez de visiter dans Élisabeth Street n'est pas...

le lieutenant Jean de La Tour ou le citoyen Jean Latour....

— Je le savais avant de l'avoir vu, mon brave garçon; et malgré tout le plaisir que j'aurais éprouvé à serrer la main du lieutenant, ma satisfaction a été bien plus grande en me trouvant nez à nez avec l'individu qui lui a emprunté son nom et que je ne comptais guère rencontrer à Portsmouth, je vous prie de le croire.

— Alors, répliqua Adrien, avec un sourire de fierté, vous n'avez pu croire Jean capable de prêter le serment?

— Je l'ai si peu cru, je vous le répète, qu'en allant voir ce La Tour-là, j'avais la ferme conviction d'une erreur dans la personne.... D'ailleurs, le lieutenant est pour l'heure sur les pontons de Plymouth. C'est de Plymouth qu'est datée la dernière lettre de lui parvenue à Cherbourg.

— Non, mon officier, Jean est ici.

— Ici!... fit l'officier surpris.

— A bord du *Guilfort*. C'est là que vous pourrez le voir si vous ne partez pas trop vite.

— Notre brick est à Portsmouth pour une quinzaine au moins. Nous avons une nombreuse correspondance de France à faire parvenir aux prisonniers et quantité de vivres et de vêtements, envoyés par les familles, à remettre entre leurs mains; tout ceci demande du temps.

— Mon officier, connaissez-vous M. de La Tour le père?

— Très peu... je ne l'ai vu qu'une seule fois, avant mon départ de Cherbourg, mais ce jour-là, j'ai eu un entretien assez long avec lui... et c'est précisément à cause de cette conversation que je me suis refusé à croire que son fils eut prêté le serment.

— Eh bien... lorsque vous verrez M. de La Tour..., si vous le revoyez avant le retour en France de son fils..., dites-lui que son vieil ami et son jeune protégé ne tarderont pas à le lui ramener.

— Croyez qu'il y compte, M. Adrien Viraux.

— Mon nom!... fit Adrien avec un geste stupéfait.

— « En quelque bagne que languisse mon pauvre Jean, m'a « dit M. de La Tour, j'ai la certitude que deux nobles cœurs « veillent pour sa délivrance. L'un, presque un vieillard, le « capitaine de la *Marie-Jeanne*, l'autre, presque un enfant, « Adrien Viraux. » Enchanté d'avoir fait votre connaissance, mon jeune ami. A Portsmouth, vous vous nommez?

— Sendib, l'indien, et le capitaine Louvot s'appelle le commodore Van den Berg. Nous habitons tous deux la maison d'où vous sortez.

— Je suis officier parlementaire, et je trahirais le drapeau sous lequel je navigue si j'avais autre souci que celui de soulager et de consoler nos frères malheureux. Je ne dois rien savoir désormais de vos projets, les connaître équivaudrait à en être complice. Je dois donc me contenter de vous souhaiter de réussir dans ce qui vous tient, dans ce qui *nous* tient aussi le plus au cœur, et c'est en ami bien sincère que je vous offre la main. Nous nous reverrons bientôt. »

Ce disant, le jeune officier rejeta son manteau sur son épaule et gagna le port.

XXVIII

UN TRIBUNAL A BORD DU « SUND »

« C'est pour dimanche soir, capitaine, de huit à neuf. Nous débarquerons tout près du « trou à patates » si Notre-Dame de Délivrande veut bien nous protéger », avait dit le père Liais au bon Louvot, lorsque celui-ci, après la visite du parlementaire chez mistress Kirby, était venu le lendemain à bord du ponton, annoncer à Jean l'arrivée du navire français.

Tout restait parfaitement entendu avec le capitaine. Lorsque sept heures sonneraient à la vieille horloge de l'arsenal, les hommes de la *Rosette* se laisseraient couler le long du ponton; Jean passerait ensuite, puis lui Liais, sous prétexte d'aller chercher une dernière couple de bouteilles de rhum dans son hamac, fausserait compagnie à ses invités et glisserait à son tour par le sabord. L'essentiel, c'était de ne pas se manquer à la sortie du bain. En tout cas, si telle mésaventure

survenait, il faudrait courir droit au petit cottage blanc encadré
de hauts peupliers; tout au sommet de la colline, juste en
face le mur nord du cimetière. Impossible de se tromper.
Adrien s'était chargé du soin de cacher les fugitifs, son imagi-
nation lui avait suggéré une excellente idée que le capitaine,
si prudent qu'il fût, ne pouvait qu'approuver.

La cave du cottage, assez grande, ne s'étendait que sous
une partie de la maison. Au-dessus d'elle, la salle à manger
et le parloir dont les murs de refend descendaient jusqu'au
sol. Elle était donc séparée en deux parties, l'une assez vaste,
celle qui correspondait à la salle à manger, l'autre plus
étroite, celle du parloir. Une large baie cintrée sans porte
établissait entre elles une communication.

« Voilà, dit Adrien triomphant; nous cacherons nos camarades dans la petite cave.

— Et nous masquerons cette ouverture avec ces ton-
neaux-ci.

— Non pas, capitaine... les tonneaux on les fait rouler.

— ... avec un tas de bois?

— Les tas de bois, on les dérange.

— Avec quoi alors?.. tu sais... je ne devine jamais rien,
moi.

— Par un mur, un solide mur, mon capitaine. Nous avons
six jours devant nous, c'est plus qu'il n'en faut.

— Mais garçon, si tu mures le caveau... par où passeront-
ils, ceux de la *Rosette*?

— Regardez là-haut, capitaine. Voyez ces solives... elles
supportent les carreaux du parloir.

— Je commence à voir clair dans ton affaire.... Tu ouvres
là-haut une écoutille....

— Une belle écoutille à cadre de chêne plein, je garnis

l'intérieur du cadre avec des carreaux détachés dans le milieu du parloir, je la recouvre d'une natte par excès de précaution et sur la natte on pose la table ; si bien que quand nos amis arrivent, nous les mettons au frais, en deux temps, deux mouvements... et puis cherche, l'English ! »

Adrien pirouetta en se frottant joyeusement les mains.

Louvot le regardait anéanti par cette explosion de génie.

« Fameux ! » murmura-t-il grimaçant un sourire bientôt suivi d'un rire pareil au grincement de la grande porte du du vieux château.

Le lendemain, le menuisier de Gosport apportait la trappe de chêne avec son cadre, le maçon deux chariots de briques et de plâtre, soi-disant pour les soubassements d'un joli kiosque à construire à l'angle de la terrasse ; et le treillageur, un chargement de bois rustiques destinés au même usage.

Adrien n'était pas fils de Paris pour rien. Avant midi, la trappe communiquait avec le sous-sol ; et la nuit le vit, assisté de Louvot comme manœuvre, poser la dernière rangée de briques séparant les deux caves, puis crépir sa cloison avec du plâtre sali de poussière. Un merveilleux maquillage fait pour tromper l'œil le plus expert. Deux tonneaux vides, où s'appuyaient de hauts fagots de bruyère ; une planche à bouteilles abondamment chargée fixée au mur ; quelques loques de rebut accrochées au hasard, complétèrent la décoration pittoresque du jeune architecte. Cette sûre retraite, garnie de quelques chaises, d'une table et d'une demi-douzaine de hamacs, offrait aux fugitifs toutes les commodités compatibles avec ses modestes proportions.

Deux jours après, le commodore et son fidèle Sendib s'installaient définitivement dans leur maison des champs ; le résolus à ne plus aller à Portsmouth, que par nécessité absolue. Adrien toutefois éprouvait un trop vif désir de se retrouver en face de son parlementaire pour se cloîtrer aussi rigoureusement.

L'enfant avait cru s'apercevoir que l'Anglais roux prisonnier à bord du *Sund* et le faux Jean de La Tour avaient échangé un signe d'intelligence en se rencontrant à bord du trois-mâts suédois. Or, l'officier français, — Adrien s'en souvenait parfaitement, — connaissait la véritable identité de l'énigmatique personnage qui avait pris le nom de Jean. Tiendrait-il enfin la clé du mystère? Le faux de La Tour était-il mêlé à l'abandon d'enfant qui l'avait conduit à Portsmouth? Il le saurait bientôt; dût-il prendre pour confident le jeune parlementaire, au moment venu. Pourquoi pas?

Comme l'apprenti, rêvant à tant d'événements extraordinaires survenus dans sa vie depuis quelques mois, se promenait sur la jetée, dans l'espérance de rencontrer celui qu'il avait si grande envie de revoir, il le vit passer en canot à quelques encâblures du môle. L'officier reconnut l'enfant, lui adressa un petit salut et par un geste lui indiqua de l'attendre. Il avait à lui parler, sans doute.

« Mon cher garçon, lui dit-il, en sautant de l'embarcation que sur son ordre les deux matelots avaient dirigée vers la jetée, mon cher garçon, j'ai un service à vous demander, à vous, et surtout au capitaine Louvot. Voici la chose en quelques mots. Écoutez-moi bien, il s'agit d'une grave affaire. Il est indispensable que j'aie une entrevue avec M. de..., avec le personnage qui a pris le nom de M. de La Tour. Cette entrevue peut singulièrement tourner. L'avoir chez votre hôtesse n'est pas possible! car ce que j'ai à lui dire doit être entendu de plusieurs personnes et nulle d'entre elles ne peut être de ce pays,

vous saurez pourquoi un peu plus tard. Vous me voyez donc
fort embarrassé.

— Ne le soyez plus, lieutenant. Le capitaine Louvot a pour
très intime ami le commandant du *Sund*, ce bateau Suédois
que vous voyez mouillé là-bas, à gauche de l'amirauté. L'individu à qui vous avez affaire peut le plus naturellement du
monde y être amené aujourd'hui même, demain, plus tard,
si vous le préférez, sous prétexte d'une partie de pêche à faire
avec l'équipage, et, dès lors, vous pourrez lui parler en
présence du capitaine Louvot, un Français, et de celui du
Sund, un Suédois, M. Safström.

— Parfait. Vous êtes un garçon de ressource et d'esprit
clairvoyant, mon jeune camarade. Je choisis demain, et je
compte sur vous. »

Le lendemain à midi, les invités, réunis sur la dunette autour
d'une table où le mousse du bord venait de servir un délicieux
moka, dont Safström pouvait garantir l'origine, attendaient le
moment où la barque de pêche allait descendre de ses porte-
manteaux, lorsqu'un canot monté par quatre matelots français
et portant à l'arrière sur deux hampes jumelles les couleurs
de la République et celles du Royaume-Uni, se détacha du
quai et vint aborder le *Sund*, sur un signe de l'officier debout
dans l'embarcation.

Safström fit descendre l'échelle de commandement, escalier
volant placé à tribord pour aider à la descente et à la montée
des visiteurs, et attendit accoté au bastingage.

L'officier monta.

Louvot et le Français s'écartèrent, pour faire place au nouveau venu, arrêté devant le Suédois après un courtois salut
militaire.

« Le capitaine Safström, monsieur?

— Lui-même, lieutenant... enchanté de recevoir un Français à mon bord.... Vous désirez....

— Capitaine, veuillez m'excuser de vous déranger, car je vous vois en compagnie ; mais on m'a dit chez mistress Kirby, d'Élisabeth Street, de chez qui j'arrive, que je trouverais sur le *Sund* le lieutenant Jean de La Tour. Or j'ai grand besoin de le voir.... Serait-il indiscret de vous demander s'il se trouve réellement à votre bord ?

— Ici, lieutenant, répondit le Suédois étendant la main vers la dunette ; en compagnie de mon ami, le commodore Van den Berg. Veuillez avancer et accepter mon hospitalité pour tout le temps que voudrez bien m'accorder. »

Le lieutenant s'inclina et suivit le capitaine.

A son approche, le Français se leva, et avec les belles manières d'un parfait homme de cour, s'avança vers lui, les deux bras tendus pour l'effusion d'une chaude étreinte.

Le lieutenant l'arrêta d'un geste.

« Monsieur, lui dit-il, je suis chargé pour vous d'une très pénible mission, puisque vous êtes mon compatriote.

— Et laquelle, juste Dieu ? vous m'effrayez, très cher, avec votre air tragique. »

Le Français, en dépit de son aisance affectée, prononça ces quelques mots et d'une voix mal assurée :

« Voici, monsieur, je serai bref. Vous n'êtes pas le lieutenant Jean de La Tour....

— Quelle plaisanterie !... Ces papiers ne constatent-t-ils pas mon identité ?

— Or, le lieutenant Jean de La Tour ayant appris que quelqu'un dont il ignore le nom avait pris ses titres et qualités, revêtu sa personnalité pour en faire le pire emploi... pour prêter serment à l'ennemi ! s'est adressé à mon capitaine, le citoyen Roc-Auffray commandant le parlementaire français. Il proteste contre l'usage fait de son nom.

— Et alors? fit le Français d'un ton ironique.

— Alors, monsieur, l'affaire a suivi rapidement son cours, et j'ai ordre de vous arrêter.

— M'expliquerez-vous cette plaisanterie de mauvais goût, monsieur?

— Bien volontiers. Veuillez vous asseoir, marquis de Maillargues.... »

Le Français redressa vivement la tête à ce nom.

« Ne vous éloignez pas, messieurs, le nom de M. le marquis de Maillargues appartient désormais à l'histoire et la loi des contrastes exige que tout ce qui le concerne intéresse les honnêtes gens.

— Vous me rendrez raison de ces insultes, monsieur, grogna le Français blême de colère.

— Je craindrais d'empiéter sur les droits du bourreau, monsieur. Je vous engage à conserver votre calme, votre tête est en jeu!... Je vous disais donc, citoyen marquis, que votre bonne étoile seule a mis vos secrets entre mes mains; et pour vous donner tout de suite la plus indiscutable preuve de l'intérêt que je vous porte, sachez qu'ayant à choisir pour vous entre le bagne et la potence, j'ai opté pour le bagne. Au bagne, vous pourrez vivre longtemps dans la peau supposée d'un brave marin quelconque, — car il est dans votre destinée de ne plus exister désormais sous votre nom réel. — Sous une vergue de misaine, vous rendriez le dernier soupir d'un traître avéré, traître à la France et traître à l'Angleterre, traître à vos pairs de l'ancien régime, traître à vos nouveaux alliés Fréron et Barras. L'amiral Hood a su que vous l'aviez trahi à Toulon dès que le sort des armes se fut prononcé contre lui; votre correspondance avec Hood a d'autre part instruit le ministère de la Guerre de votre accord avec l'Anglais ; si bien que livré aux Anglais vous êtes pendu, et que livré aux Français vous êtes guillotiné. Le bagne doit donc vous apparaître comme un lieu de délices, une terre promise inespérée. Ne suis-je pas votre ami? »

Le marquis de Maillargues laissa retomber sa tête sur sa poitrine. Ce coup imprévu le terrassait. Adrien, malgré les terribles accusations formulées par le jeune officier, ne pouvait se défendre d'un mouvement de pitié, devant le misérable effondré sous cette accumulation de crimes de lèse-patrie.

« Peut-être, monsieur, vous demandez-vous à quel mobile j'obéis en vous portant si grand intérêt... mon nom vous renseignera sans doute. Je me nomme Marius Raymonat. »

Le marquis se redressa brusquement.

« Le frère de Josette Sijean !.. et c'est vous... vous qui me parlez ainsi...? Allons donc ! vous mentez... ignorez-vous donc que Josette ne vit que de mes bienfaits?

— Je mens si peu, marquis, que je ne crains pas de mettre votre patience à l'épreuve en vous demandant de vouloir bien m'entendre encore quelques minutes. Serai-je indiscret si je vous prie de me confier en quel lieu vous avez caché votre nièce, Berthe de Mireval, la fille de votre frère cadet, que vos amis les massacreurs de Toulon ont lâchement assassiné?... Vous me trouverez peut-être bien naïf, mais j'ai peine à croire que vous ayez tué l'enfant après avoir laissé périr le père.... Parlez... ma sœur m'a tout dit... il faut que je retrouve cet enfant pour rendre la raison à sa mère.

— Je ne sais de quel droit vous vous permettez de m'accuser de cet enlèvement.

— Votre passé donne tous les droits, vous semblez l'oublier,

CE COUP IMPRÉVU LE TERRASSAIT.

marquis. Quant aux raisons pour expliquer cette infamie, elles sont d'un ordre parfaitement logique. Vous supprimez d'abord l'héritière directe, parce que votre parenté vous met en son lieu et place et peu après vous constitue le détenteur de cette fortune qui vous revient de droit à la mort de votre frère. On ne saurait plus judicieusement calculer. Morte ou vivante, civilement Berthe n'est plus. Malheureusement, les événements nous mènent. Après la découverte de votre correspondance avec l'amiral Hood, le tribunal a mis ces biens sous séquestre et ils seraient déjà vendus, si bien juste à temps je n'étais intervenu, fortement appuyé par deux membres de la Convention à qui le citoyen Desmeillets, commissaire extraordinaire aux armées du Nord, m'avait chaleureusement recommandé. J'ai fourni le témoignage de ma sœur contresigné par le maire de Saint-Gély-du-Fesc, et le jugement du tribunal en ce qui concerne vos biens, je veux dire les biens de Berthe, a été remis jusqu'à plus ample instruction. Donc, plus rien pour vous de ce côté-là, que vous me confiiez ou non le nom de la ville, du village ou peut-être du cimetière où se trouve à l'heure présente l'héritière des Mireval. Il ne vous reste par conséquent que les trois cent mille livres transmises par la banque Montelerde de Gênes, qui les avait elle-même reçues de Numa Mérentié, banquier à Toulon, le vôtre, marquis, à Davis and C° de Portsmouth. Vous voyez que je suis vraiment bien renseigné. Il reste à savoir si, après la signature de la paix, paix bien lointaine encore, la France aura à sa tête un gouvernement disposé à laisser jouir en paix de sa fortune un homme traître à tous les partis et traître à sa patrie. Je ne vous demande pas les trois cent mille livres, malgré les droits de l'enfant à ce capital... mais donnant, donnant... qu'avez-vous fait de Berthe? »

Safström et Louvot avaient écouté avec une sorte de stupeur ce récit fait d'une voix vibrante d'émotion indignée.

Le marquis de Maillargues jetait des regards farouches autour de lui et ne répondait pas. Il se sentait perdu, pourquoi dès lors donner à ses ennemis la suprême consolation que par la bouche de Marius ils réclamaient de lui.

« Je n'ai rien à vous répondre, finit-il par dire à Raymonat.

— En ce cas, je vous prierai de me suivre.

— Au bagne... soit.

— Non pas... à l'amirauté... chez vos anciens amis de Toulon.

— Allons donc reprit le marquis, railleur, vous n'oseriez, vous... un Français, livrer un Français aux Anglais.

— Malepeste! marquis, que n'avez-vous eu toujours ces délicats scrupules! Vous me connaissez, parbleu, aussi bien que je vous connais moi-même.

— Pas n'est besoin qu'il parle, mon officier, vous allez tout savoir! » s'écria Sendib. Cette fois le doigt de Dieu montrait le coupable.

Adrien descendu dans l'entrepont quelques minutes auparavant venait de remonter sur la dunette.

Le marquis regarda l'enfant avec un écrasant mépris.

« Amenez-le », commanda l'apprenti se penchant sur la passerelle.

L'Anglais de l'*Auberge du Soleil d'or* apparut entre deux solides gabiers.

Le marquis regarda le nouveau venu comme si un spectre surgissait devant lui.

« Dick !.. murmura-t-il, je ne m'étais pas trompé.

— Pour vous servir, mylord, Dick Stonwel, votre ancien

valet de chasse, répondit l'Anglais se dandinant sur ses hanches.

— Capitaine Safström, demanda Adrien au Suédois, reconnaissez-vous cet homme pour mon prisonnier?

— Je le reconnais, mon garçon, il en voulait à ta vie et à ton argent, tu peux disposer de sa liberté... c'est de la vraie justice.

— En ce cas, Dick Stonwell, écoute. Si tu réponds franchement à mes demandes, avant une demi-heure tu te promèneras dans Portsmouth avec cent guinées dans tes poches; cent guinées, tu m'entends bien? Me reconnais-tu? »

Dick le regarda fixement, hésitant à répondre.

« Je vous ai vu certainement, mais où?.. où?...

— Ici, Tape-à-l'Œil! » cria l'apprenti.

En deux bonds, le chien eut franchi l'escalier et courut à son jeune maître.

« J'y suis! s'écria Stonwell.... C'est à Fontainebleau!.. Nous nous sommes rencontrés dans une cour d'auberge.... Oh! ce damné chien... qui donc l'oublierait!..

— Que venions-nous de faire l'un et l'autre, quand tu m'as rencontré? demanda Adrien, de son meilleur anglais.

— Vous, mon jeune gentleman, vous veniez de trouver une petite fille abandonnée sur la grande route, et moi, je venais de la perdre... mais si j'avais su ce que contenaient ses robes... sur mon âme, je l'aurais gardée tout comme vous.

« M. le marquis ne m'en a informé qu'après, pour adoucir un peu mes regrets, car vrai, parole de gentleman, cela m'avait fait quelque chose, d'abandonner l'enfant.

— Quel marquis?

— L'oncle de la petite, de miss Berthe de Mireval, M. le marquis de Maillargues mon maître, ici présent.

— Signerais-tu ta déclaration, mauvais garnement? demanda Marius.

— Oui, si vous me promettez de ne pas vous en servir ici contre moi. »

Le marquis, bouleversé par les rapides péripéties de cette scène, paraissait ne plus prêter qu'une attention distraite à ce qui se passait autour de lui.

Safström, très versé dans la langue anglaise, s'apprêtait à écrire sous la dictée du lieutenant, lorsque Dick le pria poliment de lui passer la plume.

« S'il vous plaît, je rédigerai moi-même. »

Et rapidement il traça les lignes suivantes qu'il lut à haute voix.

« Moi, Richard Stonwell, déclare : avoir dans la journée du 12 août 1792, étant sur la route de Bourgogne aux environs de Villiers-en-Biere et y conduisant une voiture de roulier; abandonné dans une civière, sur ladite route, un enfant du sexe féminin du nom de Berthe, née le 12 octobre 1790, fille du feu M. le comte de Mireval et de demoiselle Anne-Maria de Balzan son épouse, sur l'ordre de M. le marquis de Maillargues, frère aîné du comte de Mireval, que je servais depuis 1789 en qualité de valet de chasse. Je déclare en outre que l'enfant a été recueillie par un jeune garçon du nom de.... »

John interrompit sa lecture, interrogeant du regard Adrien.

« Adrien Viraux, répondit l'apprenti à cette question muette....

— Du nom d'Adrien Viraux, que j'ai rencontré peu après à l'*Auberge du Soleil d'Or*, à Fontainebleau. J'écris cette déclaration en présence du capitaine Safström, commandant le vaisseau suédois *le Sund*, de M. le marquis de Maillargues.... »

Le marquis bondit sur son siège.

« Misérable, cria-t-il dans un véritable accès de rage.

— De M. le lieutenant, continua tranquillement Dick, le lieutenant... ?

— Marius Raymonat, fit l'officier.

— Le lieutenant Marius Raymonat et de... ? le regard de l'Anglais se dirigea cette fois sur Louvot.

— Pierre-Samson Louvot, capitaine de la *Marie-Jeanne*, de Granville.

— Et de Pierre Samson-Louvot... etc... etc....

« En foi de quoi, j'ai signé : John Stonwell, de Beverly. »

« Rien à corriger, n'est-ce pas, gentlemen ?.. C'est correctement fait et parfaitement valable, ajouta l'Anglais d'un ton de fin amateur satisfait de son œuvre... on voit que j'ai passé par l'étude de Joshua Ardisson....

— Joli coquin ! grommela Louvot en apposant sa signature au bas du papier après tout le monde, sauf le marquis.

— Voici les cent guinées promises, Dick Stonwell, fit Adrien.

« Tu peux filer ton nœud, bandit, Safström y consent, mais ne retombe jamais sous ma patte. Un canot va te conduire à quai.... »

Dick salua l'assemblée avec une impudente aisance et s'embarqua dans la chaloupe.

« Ne signerez-vous pas aussi cette déclaration, monsieur ? demanda d'un ton moins sévère l'officier au marquis de Maillargues.... Je ne puis me défendre d'une certaine reconnaissance envers vous, puisque vous n'avez pas fait périr l'enfant.... Cet aveu écrit, cette humble confession vous vaudrait peut-être moins cruel le jugement des hommes... n'êtes-vous point capable d'un bon mouvement ? Vous refusez... n'en parlons plus. La valeur de ce papier ne serait pas accrue par votre signature.

« Eh bien, monsieur le marquis, je serai plus généreux que vous, moi. Allez... vous êtes libre !

— Libre ! ricana le marquis, libre par le bagne ou la mort, ne l'avez-vous pas dit vous-même ? Puis-je revenir à Portsmouth ?

— En toute sécurité, marquis. Vous l'avez dit tout à l'heure : un officier français ne dénonce pas un Français. Vous ayant reconnu le jour de mon arrivée, quinze jours après mon retour de Toulon, je vous ai simplement expliqué votre cas. A vous de vous tenir en garde contre des dangers que vous connaissez maintenant. Je vous le répète, vous êtes libre. »

Le marquis de Maillargues quitta le *Sund* sans prononcer une parole. Le lendemain, après avoir retiré ses fonds chez Davis, il s'embarquait à bord d'un vaisseau danois en partance pour Buenos-Ayres. Le brave Safström sut lui aplanir toutes les difficultés auprès de son confrère, sur la prière de Marius.

« Vous le voyez, capitaine, la main de Dieu nous protège, dit Adrien, le soir en revenant au cottage. Qu'elle soit à jamais bénie pour nous avoir si heureusement conduits à travers tant de difficultés ! Ma fillette retrouvera donc sa mère ! »

Et le brave enfant, secoué par tant d'émotions, se jeta dans les bras de Louvot, le visage inondé de larmes.

« Pleure pas, mousse... tu feras un fameux matelot. »

XXIX

LE SABORD DU PÈRE LIAIS

Marius et Adrien, tous deux partis à la poursuite du même but, voyaient leur commune expédition couronnée de succès et dans la première ivresse du triomphe, devant ce marquis de Maillargues blême de peur, devant ce gentilhomme tombé de chute en chute jusqu'aux dernières limites du crime, ils n'avaient guère conservé la préoccupation de savoir à quelle arrière-pensée il avait obéi en abandonnant la fille du comte sur une grande route, au lieu de la confier à de braves gens chez lesquels il aurait pu la reprendre, le moment venu ; car certainement il ne pouvait avoir d'autre intention, puisqu'il avait pris le soin d'ouvrir chez son banquier un crédit assez large pour récompenser de leurs peines les gens que le hasard destinait à la recueillir.

Ces réflexions tardives empêchèrent Adrien de dormir. Il avait beau se creuser la tête, il ne comprenait pas. Aussi, le matin venu, il quitta le cottage après avoir informé le capitaine de la cause de sa matinale promenade, et sa bonne chance lui ayant fait rencontrer Raymonat, tous deux se mirent à la recherche de Dick Stonwell, seul capable de faire un peu de jour dans ce mystère.

Adrien savait le chemin du cabaret où plusieurs fois il avait suivi l'Anglais, une sorte de bar fréquenté par la lie du port et tous les rôdeurs de l'arsenal. L'ex-valet de chasse de M. de Maillargues en sortait au moment où les deux jeunes gens tournaient le coin de la ruelle au bout de laquelle se trouvait le bar. Ils l'eurent vite rejoint.

Entendant un bruit de pas sur ses talons, Stonwell eut un mouvement pour gagner du pied, mais s'étant retourné il reconnut les deux Français qu'il salua de son geste le plus gentleman.

« Nous désirerions vous entretenir un instant, Stonwell, dit Adrien; nous allons faire route avec vous pour avoir quelques renseignements complémentaires sur l'histoire que vous savez.

— A vos ordres, gentlemen, je n'ai rien à vous refuser. Si je ne vous en ai pas dit plus long hier, c'est parce que j'avais seulement à répondre à vos questions. »

Adrien, tout en marchant, expliqua à l'Anglais les préoccupations qui avaient assiégé son cerveau pendant la nuit précédente.

« Ah! gentleman, fit Stonwell, qui pourrait connaître le fond de la pensée de cet homme?... Ce que je puis vous dire, c'est qu'il a toujours haï son frère, beaucoup plus riche que lui, grâce à deux héritages sur lesquels le marquis comptait; et que le mariage de Mlle Anne-Marie mit le comble à sa colère, car il l'aimait, et c'est le seul bon sentiment que je

lui aie connu. Je ne crois pas qu'il soit l'auteur de la mort du
comte, mais j'affirme qu'il n'a rien fait pour le délivrer
des mains de ses amis et cela uniquement afin de ne pas se
compromettre. Pour moi, il est plus poltron que méchant,
la lâcheté l'aveugle, l'affole : peut-être elle seule l'empêche-t-
elle d'être criminel de fait comme il l'est d'intention, n'en
doutez pas. Lâche!... toutes les explications sont dans ce seul
mot. Il ment par lâcheté et tous ces mensonges auxquels sa
couardise le réduit l'amènent forcément à ces complications
dont vous ne pouvez pas suivre la trame. Il veut toujours se
ménager une porte de sortie; il a le goût du triomphe avec
une peur invincible de se montrer.... Moi seul le connais bien
et puis me rendre à peu près un compte exact de ses pensées
au sujet de l'enlèvement de la jeune miss. D'abord, il savait
son frère menacé, et il ne lui était pas malaisé de connaître
quel sort lui était réservé un jour ou l'autre. Il enlève
l'enfant, et le hasard le sert à point, en lui permettant de la
faire passer pour morte. L'enfant disparu, l'héritage de son
frère lui revient. Mais il se peut aussi qu'un changement se
produise parmi les hommes au pouvoir, que les révolution-
naires soient culbutés, que la Vendée triomphe, que l'étranger
batte les armées françaises, qu'un nouveau roi soit mis à la
place de la République, avant que la mort ait pris son frère.
Alors, lui, tout marquis qu'il est, ne saurait échapper au
sort des traîtres. Il se lance aussitôt dans un tas d'intrigues
avec les Anglais dont la flotte est en rade de Toulon, s'assu-
rant ainsi la bienveillance des princes et faisant l'oubli sur
son passé révolutionnaire.

« On l'accusait, lui!... A ses adversaires politiques, il
répond par son accord avec la flotte anglaise; à son frère, par
la restitution de sa fille qu'il a fait disparaître au plus fort

de la tourmente, pour la sauver. Un père qui retrouve son enfant qu'il croyait morte n'y regarde pas de trop près. De tels dévouements se payent et c'est là-dessus qu'il compte, l'héritage n'étant pas devenu vacant. Si, par contre la Vendée est battue, si le comte est conduit à l'échafaud, la petite fille étant morte précédemment, la fortune lui revient et le tribunal jacobin de Toulon ne peut que se réjouir de voir un des siens à la tête de cette fortune.

« En tout cas, l'enfant, la véritable héritière, est vivante. Que l'on conteste ses droits, il fera valoir ceux de Berthe par sa mère ; il lui vendra la fillette après la lui avoir volée, agissant toujours dans l'ombre, par des tiers et loin du danger. Voilà ce qui s'est passé dans l'âme de cet homme, ou, foi de gentleman ! je ne me nomme pas Stonwell. Mais, me disiez-vous, pourquoi cet abandon sur une grande route, il était si simple de mettre l'enfant en nourrice dans une famille de paysans ? Rien de plus juste ; seulement vous ne saviez pas, en posant cette question, jusqu'où va la lâcheté dans cette âme avilie. Il lui aurait fallu se montrer !... tout est là. Un hasard aurait pu le faire reconnaître avant la réussite de ses projets, lui, ou moi, s'il m'avait chargé de ce soin. L'épouvante a dû l'étreindre rien qu'en pensant à cette possibilité et dès lors il a pris le parti d'abandonner l'enfant, confiant dans la puissance de l'argent, bien assuré que sa méticuleuse prudence lui garantissait le succès dans un cas, l'impunité dans l'autre. Par Davis, il saurait toujours où la retrouver, et nul autre que lui ne pouvait s'adresser à Davis. D'ailleurs, qui donc la rechercherait, la pauvre petite, n'est-elle pas morte et enterrée ?... Et, de fait, personne ne s'en est avisé. Le marquis avait prévu tout ce qu'un homme peut raisonnablement prévoir, tout !... Il a suffi d'un coup de fouet sur le derrière d'un chien errant par les grands chemins, pour démolir de fond en comble tout cet édifice de ruse. Le chien vous a mis sur ma piste, m'avez-vous dit, et votre habileté a fait le reste.

— Dites la Providence, Stonwell; n'est-ce pas elle qui a conduit M. Raymonat chez sa sœur, cette sœur qui, croyant dans son âme simple et honnête rendre hommage à la bonté du marquis, l'éclairait au contraire sur ses criminelles menées?

— Va pour la Providence, je finirai moi aussi par le croire, puisque, en réalité, la vérité et le bien arrivent toujours à avoir le dernier mot, gentlemen, j'ai beaucoup réfléchi depuis hier, voyez-vous!... Aussi vous me voyez en route pour essayer de devenir un honnête homme. Ma parole! c'est à peine si j'y puis croire. Il y a tout au bout du Yorkshire, à Beverley, deux bonnes gens, mes père et mère, que je m'en vais retrouver de ce pas. La route est longue à faire à pied; j'en profiterai pour réfléchir encore, car depuis la dernière aventure que vous savez, mon jeune gentleman, il ne fait plus bon pour moi à Portsmouth. Je tâcherai d'employer les cent guinées que vous m'avez si généreusement données, mieux que la petite fortune dont m'avait fait présent M. le marquis, pour s'assurer de mon silence, la veille du jour où nous nous sommes rencontrés vous et moi dans la forêt. C'est à deux lieues de Fontainebleau qu'il me quitta : j'avais oublié de vous le dire. Nous étions venus de Provence, en chaise, à fond de train, brûlant les étapes, payant doubles guides aux postillons, jusqu'à Sens. Là le marquis acheta la charrette que vous cherchiez comme une épingle, et déposa lui-même l'enfant dans la civière, me suivant à cheval et prenant soin d'elle, lui seul, une heure encore avant son abandon. Ceci pour vous expliquer comment vous avez pu trouver l'argent et le petit papier de Davis.... Je n'avais pas le loisir... vous comprenez.... Je n'ai su qu'après... trop tard !... Je ne le regrette plus. Et maintenant, gentlemen, vous en savez autant que moi, souhaitez-moi bon voyage, si vous croyez à la sincérité de mes paroles.... Honnête homme !... cela me changera. Peut-être, auprès des miens, ce miracle sera-t-il possible !... Nous verrons bien !

— Il est toujours temps de revenir au bien, Stonwell, persévérez dans vos bonnes intentions. Mon nom est Marius Raymonat, ne l'oubliez pas ; si jamais je puis vous être de quelque secours, faites-le moi savoir. Vous êtes trop intelligent et, je le vois bien à votre langage, trop instruit pour continuer plus longtemps à vous embourber dans le mal. Toute faute se rachète ici-bas. Allez en paix, et que Dieu vous vienne en aide.

— Je n'étais pas né pour faire un coquin, fit l'Anglais d'un ton mélancolique, mais le mal m'a gagné au contact des autres.... Fasse le ciel que je ne sois pas tombé trop bas pour ne pouvoir remonter. Adieu ! gentlemen. »

Et Richard Stonwell, le bâton du voyageur à la main, continua sa route vers de nouvelles destinées.

Trois longs jours restaient encore à couler en attendant le moment fixé pour l'évasion des six hommes de la *Rosette* embarqués à bord de l'*Orion* et capturés dans les circonstances que nous avons racontées.

Il avait été convenu que Louvot s'abstiendrait par prudence de paraître sur le ponton. Safström, par contre, s'y rendait chaque jour après sa visite à la *Captivité*. En cas de changement dans le programme, le père Liais devait le prévenir, mais il était bien entendu que le Suédois, à moins d'un signe du matelot, s'abstiendrait de lier conversation avec lui. On ne saurait exagérer la prudence. Le vieux matelot n'ayant pas feint seulement de le voir, le matin du jour fixé pour l'évasion, le capitaine du *Sund* invité, on s'en doute bien, au dîner offert par le galant commodore à la séduisante mistress Kirby, se dirigea vers le cottage du pas lent d'un promeneur désœuvré, sur les trois heures de l'après-midi.

Louvot attendait devant le perron les dernières nouvelles.

« Rien de neuf, camarade, rien... le vieux n'a pas bougé.

— Alors, c'est toujours pour ce soir.... Ma foi, tant mieux, Safström ; depuis le commencement de la semaine, je ne vis plus.... Moi qui ne rêvasse pas beaucoup d'ordinaire, je me forge des idées... Enfin, j'ai peur, quoi!... Si le coup allait manquer!...

— En tout cas, Louvot, je suis prêt à mettre à la voile quand vous voudrez et disposé aussi à rester à Portsmouth tant qu'il vous plaira. Si la chose ne réussit pas, cette fois-ci... que voulez-vous... on tentera mieux un peu plus tard. Le *Sund* attendra. Voilà. »

La maison Kirby — furnished apartment — se trouvait au complet dans le grand parloir, séparé par le corridor de la pièce où l'architecte Sendib avait ménagé son oubliette. Par extraordinaire, mistress tenait le dé de la conversation ; le révérend Thomas Rudge opinait de la tête à chaque parole de son hôtesse, sachant quel prix elle attachait à son approbation ; le lieutenant Archer surveillait dans un miroir datant de la reine Anne la correction de sa coiffure.

Louvot n'avait eu garde de l'oublier dans sa collective invitation ; la seule vue de son uniforme n'était-elle pas la meilleure garantie en cas de mésaventure ? Adrien seul guettait au bord du marécage.

La nuit est venue. De rares étoiles piquent d'un éclat limpide la nue profonde. C'est à peine si, à l'horizon, une bande de ciel d'un gris moins opaque témoigne que le ciel et l'eau ne se sont pas fondus dans le même chaos. Sur le coteau, la brise infléchit doucement la cime des arbres ; ils se penchent et se chuchotent des paroles mystérieuses ; les frêles ajoncs bruissent faiblement dans le sourd clapotis des marais. Parfois le cri clair d'un petit oiseau d'eau, fuyant la griffe d'un rapace nocturne, vibre dans l'air et fait plus absolu le calme silence de la nuit.

Sept heures sonnent... Sept heures et demie.

Rien !...

Si !... Là-bas... une ombre, oh ! bien vague encore....

Derrière, et un peu plus loin que la touffe de joncs.. quelque chose a bougé.... On dirait un tonnelet soulevé par les vagues... cela s'avance... Tape-à-l'Œil a dressé les oreilles.... L'objet ne remue plus... les joncs empêchent de le voir. Oh !... cela est sûr, un d'eux est là... il n'ose aborder.... Adrien a peur de prévenir l'homme par un mot... lequel dire ?... et si ce n'était pas un de la *Rosette* ? Qui alors ?...

Une heureuse inspiration lui traverse l'esprit ; très nettement il prononce :

« Tape-à-l'Œil. »

Aussitôt les joncs s'écartent, une main apparaît, puis une autre main, enfin une tête singulièrement coiffée, et en trois brasses une ombre surgit à mi-corps du marais.

« Par ici, la *Rosette* !...

— Présent ! répond l'ombre à mi-voix, j'accoste. »

Un grand gaillard tout nu est debout parmi les herbes, son paquet sur la tête.

« Est-ce vous, Jean ?

— Non, c'est moi, Forneaux, gabier de hune à bord de la *Rosette*.

— Tout va bien?

— Tout va bien, fait le gabier se vêtissant en grande hâte des hardes contenues dans son paquet. Liais est parti le

UN GRAND GAILLARD EST DEBOUT PARMI LES HERBES.

dernier, mais j'attendais un peu au large, voir comment il opérerait la manœuvre, prêt à lui porter secours, car le bonhomme n'a plus vingt ans. Il m'a envoyé coucher et m'a traité de moussaillon... Parole!... »

Adrien poussa un gros soupir de soulagement.

« Dehors! tous.... Plus de bagne....

— Me v'là prêt, patron, où faut-il aller?

— Droit aux fenêtres éclairées, vous suivrez le mur, tournerez à droite et première porte. Le capitaine de la *Marie-Jeanne* vous attend.

— Bon. Clérisse et Ramberville nagent derrière moi, bord à bord.... Un mauvais havre ici, patron.... Ces faillis herbages vous cramponnent aux jambes, faut pas s'endormir en tirant sa coupe. »

Forneaux est déjà presque au bout de la venelle, deux nouveaux fantômes surgissent, et bientôt un troisième à une vingtaine de toises d'Adrien.

L'enfant est moins troublé. Il se dirige vers eux.

« Par ici! la *Rosette*, répète-t-il », assourdissant sa voix.

Les hommes s'avancent. Jean n'est point parmi eux, il est plus grand.

« Vos noms?

— Clérisse.... Ramberville.... Bottier.

— Tout va bien?

— Tout va bien. Le lieutenant va arriver. Ce sacré père Liais nageait trop à bâbord, le lieutenant est allé le retrouver pour le remettre dans le bon chemin. »

Adrien sent son cœur se serrer d'inquiétude; mais il n'en laisse rien paraître et donne aux trois hommes les instructions nécessaires pour gagner la maison.

Le voici seul pour la seconde fois.

Huit heures!... Les minutes lui paraissent des heures, et cette heure a marché plus lente qu'une année. Rien!... il ne voit rien!... Cependant ses yeux se sont accoutumés à cette obscurité, si une tête sortait de l'eau il la verrait au moins à vingt brasses devant lui.... Tout à l'heure, il a bien aperçu une sarcelle s'abattant sur le marais... et les tours de Portchester, il finit par les distinguer parfaitement sur la nue!... Oh! cette attente, quel supplice! et dire qu'il n'a pas eu, l'étourdi, l'intelligence de demander à un des matelots si le détour fait par Jean lui faisait perdre beaucoup de temps.... Là-bas, fort heureusement, rien ne bouge sur les pontons. Le père Liais a dû copieusement arroser les sentinelles... cela se voit. Oh!... ce Jean qui ne vient pas... ce Jean qui ne vient pas.

Tape-à-l'Œil couché aux pieds de son maître s'est soudain redressé sur ses quatre pattes.

« Quoi donc, mon chien?... Tu vois quelque chose?... »

Le chien tend le cou et flaire... flaire.... Son épais panache va et vient comme lorsqu'il est content.

« Tape-à-l'Œil remue la queue, murmure Adrien, il a senti Jean... à moins que ce ne soit parce que je lui ai parlé. »

Non l'intelligent animal a bien flairé l'approche d'un ami.... Adrien a beau scruter l'étendue d'eau devant lui, il ne voit rien... rien... décidément rien.

Un cri!...

Un cri... un appel... là, à gauche....

Tape-à-l'Œil a bondi d'un saut à deux toises du bord et nage....

« A l'aide... Adrien... capi... taine. »

Et la voix s'éteint dans un suprême étouffement.

L'enfant se débarrasse de sa veste et se jette à son tour à l'eau.

« Jean... Jean.... »

Rien! rien!... Un bruit sourd d'eau battue, ébrouée comme par la chute d'un corps. L'enfant nage de ce côté.... On a parlé... oui certes... ses oreilles ne l'ont pas trompé... on parle encore....

« Là, Tape-à-l'Œil... hardi, mon chien... hardi... har....

C'est la voix de Jean ! »

. . . .

« Ah! mon cher Adrien... je l'ai échappé belle avec ces herbes maudites, s'écria Jean en se jetant dans les bras de son ami.... Sans ce brave Tape-à-l'Œil, vous ne me revoyiez plus!... l'accident le plus bête!... »

C'est à peine si Adrien l'écoute, il l'embrasse, il embrasse Tape-à-l'Œil.

« Vite, vite... au nom du ciel, hâtez-vous... regardez... là-bas... vers les pontons... l'alarme est donnée... des barques avec leurs fanaux... les voyez-vous? demande Adrien, elle s'avancent... fuyons!... »

Nu-pieds, à moitié vêtu, Jean suit Adrien non moins trempé que son chien. Ce n'est pas une fausse alerte, les barques se séparent et à droite, à gauche quêtent dans le marais. Mais déjà les deux amis sont bien à l'abri. Le capitaine, une troisième fois, a ouvert la trappe du petit parloir, et une troisième fois la trappe s'est refermée sans que « la pension de famille » tenue sous le charme de la conversation de mistress se doute que le dernier acte d'un drame cruel se joue à côté, dans la pièce voisine. Adrien s'est empressé d'aller changer de costume, le voici somptueusement revêtu de ses soies d'Asie, le chef couronné de son turban d'une éclatante blancheur. Tape-à-l'Œil s'est empressé d'aller se chauffer devant l'âtre où tourne une dinde succulente, et Ketty le gronde bien fort sur cette étrange idée d'aller se baigner à plus de huit heures du soir. Louvot est devenu soucieux. De père Liais? pas question!... et Jean est cependant sûr de l'avoir vu prendre terre du côté opposé au rendez-vous. Inutile donc de retourner auprès du « trou-à-patates », d'autant plus que douze à quinze barques ont quitté leur

bord et font bonne garde. Quelques minutes de plus et Jean ne
s'arrachait aux onduleuses étreintes des plantes d'eau que
pour retomber dans les griffes de ces faillis chiens.... Il en
avait appris long en peu de paroles, le brave Louvot, tandis
qu'il ouvrait son écoutille du petit parloir.

« Neuf heures... vous entendez, cher commodore... neuf
heures et dix minutes en plus... tant pis pour sir John... on
n'attend pas. Sendib... Sendib.... Dieu qu'il est bien dans son
costume!... à sa place je ne le quitterais jamais, comme disait
mistress Goldsmith au vieil invalide de Grenwich, le jour où....

— Sers-nous, Sendib, dit Louvot, coupant la conversation
de miss Goldsmith avec l'invalide; à table! mesdames. »

Mais à ce moment même, on entendit au dehors la voix de
John qui essayait de calmer l'ardeur de son attelage.

« Allons!... tout beau, tout beau... quels endiablés
chevaux!...

— Enfin, vous voilà donc, sir John, s'écria Louvot debout
sur le perron.... Ah!... vous n'êtes pas seul?

— Ma mère, commodore, ma chère mère... commodore....
Commodore, ajouta plus bas sir John d'une voix singulièrement altérée... je n'aurais pas dû certes céder à sa prière....

— Vous voulez rire, sir John.... Tiens bien les chevaux,
Sendib..., je vais aider la bonne dame à descendre.... Là,
madame... le pied sur la première marche.

— Commodore... écoutez-moi... commodore... je vous en
prie.

— Vous doutez donc de mon hospitalité sir John?... L'autre
pied, à présent, madame... Là... c'est bien; maintenant, ma
bonne dame, il ne s'agit pas de prendre froid.... A table, sir
John... on n'attendait plus que vous, naturellement. »

Ce disant, l'hospitalier capitaine, malgré les gestes effarés de son invité en retard, entraîna la pauvre vieille mère du sollicitor vers le perron et ouvrit triomphalement la porte de la salle à manger en la poussant devant lui.

« Mme Turgis mère, mes chers amis.... Quelle bonne surprise! »

Sir John s'était laissé tomber sur une chaise du parloir.

Un cri d'horreur s'échappa de toutes les poitrines à l'apparition de la vieille maman. Seul le lieutenant Archer riait à se tordre....

« Ah! oui, une surprise!... et une fameuse! »

Louvot stupéfait retourna brusquement son invitée.

Son invitée, dans la nudité d'un ver, sous la longue cape, couverte de boue noire de la tête au pieds, poilue autant qu'un ours, le regardait agréablement, riant jusqu'aux oreilles.

« Liais!... le père Liais.... » Mme Turgis n'était autre que le père Liais.

Louvot l'entraîna vivement dans le petit parloir et le fit incontinent disparaître sous terre. Ce ne fut pas long.

« M'expliquerez-vous, maintenant, sir John? dit-il en revenant vers le sollicitor qui se débarrassait de ses châles et de son manteau dans le couloir.

— Tout... commodore... je vous expliquerai tout.... Oh oui! voici.... Je revenais à bonne allure me sachant déjà un peu en retard lorsque, à deux milles de Gosport, j'aperçus une bonne vieille marchant péniblement sur la route, très mauvaise à cet endroit.... Elle regarde de mon côté.... Je me dis : la pauvre bonne femme ne serait pas lourde à traîner pour ces endiablés poneys; j'arrête les chevaux, je lui offre une place à côté de moi; elle accepte avec reconnaissance. Et nous marchons.... Mais voilà qu'à la lueur d'une lanterne retournée par les cahots, je m'aperçois que la vieille avait de la barbe...

que ses mains étaient couvertes de boue. Nous passions en
vue des marais à ce moment; des barques fouillaient les joncs
en longeant le rivage. On cherchait des fugitifs, rien de plus
facile à comprendre. Alors, à brûle-pourpoint, je lui dis:

IL ENTRAÎNA LA VIEILLE DAME.

« Vous vous évadez? — Oui, me répond ma voisine ou plutôt
« mon voisin, vous pouvez me livrer si vous voulez. — Mon
« brave, je ne sais si je fais bien en protégeant votre fuite,
« mais je sais que je serais un misérable si je vous livrais.
« Je vais chez un de mes amis, le commodore Van den
« Berg, dont vous pouvez apercevoir d'ici le cottage avec sa
« façade éclairée; il est homme à s'intéresser à vous. — Je
« le crois aussi, répliqua-t-il, on m'a parlé de lui. »

« Et c'est ainsi que nous sommes arrivés.

— Touchez-là, Turgis.... Vous êtes un brave cœur. J'en aurais fait autant à votre place.

— Et mon vieux... ma mère... commodore?...

— Votre mère est en lieu sûr et se débarbouille à l'heure qu'il est, une culotte de matelot aux jambes et le torse à l'air. Venez dîner et plus un mot là-dessus... à personne. Laissez-moi faire. »

La stupéfaction régnait encore dans la salle à manger lorsque Louvot et sir John firent leur réapparition.

« Bonne farce, hein, excellente plaisanterie? s'écria joyeusement le capitaine en pouffant de rire. Devinez qui est le gaillard que je viens de vous présenter?

— Un singe, répondit mistress Kirby, un horrible singe....

— Un ours, dit miss Arabella, j'allais lui crier *Tépeleul*....

— Satan... oui Satan en personne, geignit le révérend.

— Un gentleman qui ne craint pas de s'enrhumer, fit le lieutenant, un gentleman diantrement laid, d'ailleurs.

— Eh bien, mes chers amis, rien de tout cela. La soidisant Mme Turgis mère est le premier juge de Portsmouth!...

— Sir Crawford?...

— En personne... un pari... un petit pari qu'il avait fait avec notre ami.

— Je l'avais reconnu... oui reconnu... oh! bien certainement!...

— Tout de même il pourrait mettre un caleçon quand il parie, ne trouvez-vous pas, chère mistress?...

— Certainement, miss Armitage... La première fois que je rencontrerai sir Crawford, je ne manquerai pas de le complimenter.

— Soyez certaine qu'il feindra de ne pas comprendre....

Le premier magistrat de Portsmouth... pensez donc!... »

Le repas commencé par cette bouffonnerie inattendue s'acheva le plus gaiement du monde, et si l'on s'amusait au rez-de-chaussée, on ne s'ennuyait pas à la cave, quoique la joie qui y régnait fût moins bruyante.

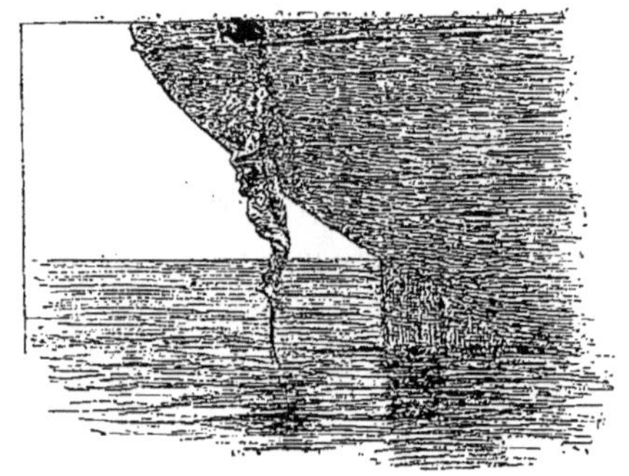

XXX

TERRE DE FRANCE

« Patinez-vous les gars !... Patinez-vous mieux, le *Sund* est en appareillage et ce soir nous mettons à la voile. »

Louvot empile ses hardes dans son portemanteau, aidé par Sendib que la joie de quitter Portsmouth a transfiguré. Bien certainement mistress se refuserait à admettre que le pauvre esclave court sur sa quarante-huitième année.

L'équipage de la *Rosette* a quitté sa cave depuis huit jours, prêt à réintégrer à la moindre alerte, mais les autorités ne sont guère émues de son évasion. A quoi bon ? N'est-il pas certain que chaque homme sera retrouvé près ou loin. Où iraient les fugitifs ? Qui leur donnerait asile ? N'en ramène-t-on pas chaque matin sur les pontons, hâves, déguenillés, mourant de faim, trouvés brisés de fatigue sur les grandes routes ou dans les champs ? L'amirauté s'est contentée de quelques

visites sommaires sur les navires du port et a passé à d'autres
soucis.

La pension de famille a un peu perdu de son animation
depuis que le commodore a quitté Elisabeth Street, et cependant elle possède encore un ancien locataire dont l'élégante
tenue lui fait le plus grand honneur. Un assez bel homme en
vérité sous sa redingote de velours épinglé gris perle, un
chef-d'œuvre de Samuel Beard, le meilleur tailleur de Portsmouth, tout comme cet élégant gentleman en est le premier
sollicitor. Eh oui... parfaitement, c'est lui-même, le Démos-
thène du Hampshire, l'illustre sir John Turgis qu'une
aubaine inespérée... un miracle... positivement.... Un de ces
derniers matins, la poste lui a apporté un pli, solennellement
cacheté de cire rouge ; il l'ouvre d'une main impatiente et
que voit-il ?... Une traite de deux cents livres sterling sur
Davis and Cº de Blue Friars, payable à vue et, avec la traite,
ce petit billet :

« A sir John Turgis esq. sollicitor à Portsmouth.

« Très honorable monsieur,

« Votre excellent père a eu, il y a bien des années, la bonté
de me prêter deux cents livres ; je puis enfin, grâce à Dieu, les
rendre au fils de l'homme généreux qui m'avait obligé. Je vous
les envoie.

« Signé :

« GEORGES HAWTORNE.... »

« Honnête homme ! murmura Sir John, les larmes aux yeux.

— Filou ! grinça Arabella en apprenant la nouvelle... et
les intérêts ? »

« Quoique vous croyez que je vaux bien encore, lieutenant,
avait demandé, la veille, le père Liais à Jean de La Tour,
j'parle du prix d'ma peau ?

— Votre pesant d'or, matelot... et bien plus encore.

— Voyons.... J'vaux-t-il mille livres de France?...

— Bien plus, je vous le répète.

— C'est que j'vas vous dire... paraît que c'grand qui m'a ramené dans la voiture du capitaine... vous savez bien... mon fils... paraît qu'il est cousu d'argent comme un crapaud de plumes... alors vous comprenez... j'voudrais le remercier sans qu'il en sache rien... il a des pistoles dans son sac, l'père Liais.... Ah mais!... il n'vit pas sur la paroisse.... Pour lors, v'la l'paquet... vous comprenez.... S'agit d'y donner... sans l'y donner.... Vous comprenez?...

— Parfaitement, matelot, rien de plus clair. Ce brave garçon aura vos mille francs sans savoir qu'ils viennent de vous. »

Or, comme Jean estimait à un chiffre très supérieur la peau du père Liais, une peau de premier ordre, résistante au vent et à la pluie, imperméable à l'eau de mer et supérieurement bronzée par le soleil, il avait quintuplé la somme.

Le plus drôle, c'est que, se sentant les poches pleines, le bon sir John voulut absolument que le capitaine fît parvenir cent francs à son ancienne vieille mère d'une soirée, s'il savait où la trouver. N'étant pas de la confidence et quoique surpris de cette libéralité, le capitaine se chargea de la mission.

Ah!... ce père Liais... il faillit crever de rire, il se tordait sur son banc, toussant, graillonnant, soufflant comme un marsouin au soleil... :

« Alors comme ça... il déprécie ma peau... j'm'avais trop estimé.... »

Et de plus belle le vieux s'esclaffait, soufflant, graillonnant et toussant avec l'agréable bruit d'une poulie rouillée.

Le commodore annonça ce jour même à mistress Kirby son départ pour un voyage de quelques semaines. On se serra les

mains, on s'embrassa même — pourquoi ne pas le dire...
n'est-ce pas l'usage quand on se sépare?... Qui donc oserait
prétendre le contraire à Portsmouth, et même dans le
Hampshire, et même dans aucun comté du Royaume-Uni?...
Personne, certainement... oh bien certainement personne!...
Le commodore pria miss Arabella de vouloir bien empêcher sa
collection de porto, xérès, madère, malvoisie et fin curaçao de
moisir sous ses bouchons en lui permettant de la faire trans-
porter du cottage dans son petit appartement, avec promesse
solennelle de miss d'en surveiller quotidiennement la saveur;
il offrit une belle montre d'or à mistress... qui désormais
compterait les heures... oh! bien certainement, oui « darling »..., une paire de magnifiques pistolets au lieutenant
Georges Archer et une merveilleuse tabatière accompagnée
d'une abondante provision de macouba au révérend Thomas
Rudge, enfin un somptueux nécessaire de toilette à l'éblouissant sir John... tout en vermeil!... Et l'on se sépara, un peu
ému de part et d'autre, quoique le voyage ne dût pas être
bien long, à ce qu'affirmait le perfide commodore.

« Embarque, embarque! matelot. »

La chaloupe du *Sund* vient d'aborder le quai, à côté de la
Poste-au-Chou, autre petit canot ainsi nommé parce qu'il est
spécialement consacré au maître-coq pour les provisions du bord.

« Embarque... embarque!... »

Six matelots portant sur leur coiffure le mot *Sund* prennent
place dans la chaloupe et après quelques coups d'aviron
grimpent comme des singes à l'échelle de commandement
du Suédois.

Un médecin de l'amirauté en descend au même moment
après la visite sanitaire. Safström a sa patente. On peut mettre
à la voile.

Le colosse, son porte-voix à la main, se tient debout sur le gaillard d'arrière. Le *Sund* va appareiller, il est à pic sur sa dernière ancre et debout au vent.

« Dérape!... crie Safström.

— Largue le petit hunier... largue le clinfoc... la barre au vent!... »

Le *Sund* se balance durant quelques secondes, un frisson d'écume caresse son étrave, le flot s'ouvre plus profond, tandis que, derrière le gouvernail, une traîne lumineuse marque son sillage.

Le navire a franchi le goulet, le voici au milieu de la rade en vue des vaisseaux de guerre; peu importe, le pavillon suédois flotte à sa mâture.

« Fais venir au vent.... Barre à tribord. »

La brise fraîchit à mesure que le trois-mâts s'avance vers la haute mer, un bon vent sous vergue, qui permet de déployer de la toile sans danger.

Portsmouth n'est plus qu'une tache confuse à l'horizon, le *Sund* navigue dans les eaux de l'île de Wight, qui bientôt elle aussi se perd dans le gris laiteux du ciel.

« Toutes voiles dehors! » commande Safström.

La nuit est venue, nuit claire. Le *Sund* fait bonne route.

Louvot est allé s'étendre sur sa couchette, de même que Jean et Adrien. Le père Liais fume sa pipe à côté du timonier. Badier va et vient l'air préoccupé. Depuis sa macabre évasion ses idées ne brillent pas par la netteté.

« Alors... comme ça, on s'en va... pas, Dennery?

— Tu l'as dit, mon vieux matelot... même qu'on est parti.... »

Les hommes de la *Rosette* n'ont pas sommeil; un vaste bol de vin chaud leur permet de passer le temps plus agréablement qu'à bord du ponton *le Guilfort*, et les histoires de matelots vont leur train.

Le petit jour monte déjà à l'horizon ; de longues traines d'un gris de cendre font plus nette la ligne de démarcation entre le ciel et l'eau. Les raies ardoisées s'éclaircissent de minute en minute, en transparence, comme de légers voiles, tamisant de plus vives lueurs.

Le matin vermeil allait éclore. Quelques nuages à peine visibles tout à l'heure montaient lentement dans la nue teintée de rose frangé d'or, la mer si sombre un instant auparavant roulait des émeraudes sous ses vagues fleuries d'écume que le soleil levant nuançait de cuivre jaune.

« Ho, ho ! de la vigie ! héla la retentissante voix de Safström, qui reprenait le quart à la place de son second.

— Terre !... Terre... », répondit le matelot en vedette.

« Terre !... Terre... » le mot magique sortait de toutes les poitrines courant de bâbord à tribord, de l'avant à l'arrière sur le pont du *Sund* marchant à toutes voiles.

« Ho ! Ho ! de la vigie.... »

Louvot, Adrien et Jean, réveillés par ce cri de : « Terre » répété par les matelots couchés encore dans l'entrepont, montèrent quatre à quatre l'escalier de la dunette.

« Où sommes-nous donc, capitaine ?

— Ho ! Ho ! de la vigie, cria encore Safström.

— Terre ! Terre à tribord.... La Hague... le clocher de Sainte-Mère-Église....

— ... Sainte-Mère-Église ? firent à la fois Jean et Louvot....

— Sur l'honneur, croyiez-vous donc que j'allais vous débarquer à Stockholm !...

— Sainte-Mère-Église ! répéta plusieurs fois Badier. » En

quelques enjambées, il avait sauté sur le gaillard d'avant, et debout sur le beaupré il regardait la côte....

« Sainte-Mère-Église... mon village... la France!... La France... la France, cria-t-il avec des hoquets de sanglots dans la voix. Dennery... Dennery... la France!... libre... libre.... Vive la République, et mort à l'Anglais!... Ah! les gueux!... pas, Dennery, qu'ils m'avaient enterré?... »

Et Badier partit d'un long éclat de rire, non pas du rire sinistre de la démence, mais du bon rire joyeux et sonore de l'heureux réveil après un songe atroce.

Nous renonçons à dépeindre la scène de tendresse et les explosions de joie qui saluèrent, à la ferme des Mielles, le retour des absents.

Lévesque s'y trouvait comme à point nommé. Il ne quittait plus la ferme depuis la dernière expédition de la *Rosette*. Le gentil petit lougre hors de l'eau gisait sur le flanc près de son havre habituel. Charpentiers et calfats s'occupaient dès l'aube à réparer ses avaries, à panser les glorieuses blessures de sa carène et de ses mâts.

M. de Loré prévenu aussitôt s'empressa d'accourir. Son premier regard fut pour Badier. En dépit de l'étiquette, il lui tendit les deux mains.

« Croyez-vous pas, commandant, qu'ils m'avaient enterré, ces damnés Anglais!... Pas, Dennery? pas, que c'est vrai?... »

Ce souvenir paraissait lui être définitivement agréable.

Tape-à-l'Œil, furetant dans tous les coins, s'était définitivement constitué chevalier servant de la mère Lévesque, montée en grade. Femme de charge, intendante de la maison, s'il vous plaît! La Granchet l'avait remplacée à la cuisine de la ferme, et *ce pauvre Benoist*, régisseur de la vacherie, trouvait toujours le moyen d'attraper les meilleurs morceaux qu'il partageait d'ailleurs loyalement avec le père Rainy. Rose et sa sœur Élisa ne se lassaient pas d'écouter les prouesses d'Adrien; mais Rosette, moins démonstrative, rougissait un peu en regardant l'ancien Sendib qui se vit forcé de paraître à table dans son costume de pasteur de tigres né à Soérabaja (île de Java) : pour satisfaire la curiosité de M. de Loré et de M. de La Tour.

Quant à Jean, sur le coup de deux heures, il avait enfourché le bon Télémaque pour apporter des nouvelles de Marius au commissaire général Desmeillets, fort occupé à la mairie à discuter avec le maire diverses instructions envoyées de Paris par Jean Bon Saint-André, relatives à la défense de la côte normande.

Jean, de la part de son père, les pria à dîner pour le soir. Pouvaient-ils refuser de se joindre aux parents et aux amis fêtant l'arrivée des fugitifs?

A huit heures, au moment où Benoist plaçait sur la table un bel agneau tout doré à la flamme, M. de Loré se leva, verre en main, et but à la santé des revenants.

Les toasts succédèrent aux toasts.

M. de La Tour but à la santé de M. de Loré, Lévesque à celle du maire qu'il remercia avec effusion d'avoir embarqué à son bord Marius Raymonat, un gaillard qui ferait parler de lui.

Le maire vida son verre en l'honneur de Marius : « De Marius dont j'avais pressenti la rare et téméraire bravoure, — il finissait par le croire, ce garçon bas-normand — de Marius que j'aime comme mon fils, mes chers concitoyens.

« Aussi j'ai eu l'œil sur lui, citoyen maire, fit Lévesque. Vous m'aviez dit : « Ne le perdez pas de vue. » J'ai ouvert l'œil et le bon. »

Jean porta une santé à Adrien.

« A Adrien... — où donc était-il, Adrien? — et Rosette.

— Regardez... c'est là-haut, au premier étage... une jolie petite chambre... deux lits de jeunes filles tendus de bleu pâle et entre les deux lits un berceau rose... tout rose... presque aussi rose que la mignonne fillette que la bonne maman Lévesque s'apprête à coucher. Élisa et Rosette ont profité du brouhaha des toasts pour quitter la table à la suite d'Adrien... elles veulent assister à l'entrevue!...

— Quoi qu'on dit au monsieur, mignonne, quoi qu'on dit? demande la mère Lévesque.

— Bon... zour!

— Bonjour qui?

— Bon... zour... A... drien, et l'enfant s'ébroue dans les bras de la bonne dame, fait polichinelle, capucine et les marionnettes tant qu'on veut, plus qu'on ne veut!

— Vous voyez, fait Rose, je lui ai appris votre nom... c'est le premier mot qu'elle a prononcé, et dame!... » Elle rougit encore plus fort, l'aimable Rosette.

Mais voilà Jean qui monte et Lévesque et Louvot... il faut qu'Adrien redescende ou bien tout le monde va arriver... on veut boire à sa santé, lui présent.

Mme Lévesque ne comprend pas bien pourquoi Jean enlève la fillette de ses bras pour la mettre dans ceux du jeune Parisien.

Adrien redescend donc... en bon père de famille.

Un long vivat accueille son entrée. M. de La Tour lui tend un verre de champagne.

« A votre tour, Adrien! »

Adrien prend le verre :

« A la santé de Berthe de Mireval, notre fille à tous!

— A la santé de M. le maire! s'écrie Louvot s'apercevant

à temps de la figure déconfite du magistrat qui s'estime au
moins à deux toasts ; à celle de Safström, du brave, honnête
et vaillant cœur à qui nous devons d'être réunis, à la santé de
Safström qui... de Safström que... à ta santé, mon matelot ! »

Les verres se choquent, les voix s'unissent.... Safström est
bien ému... ses yeux bleus brillent étrangement.

« Eh quoi, des larmes, Safström !...

— A la santé de la France ! s'exclame-t-il, la reine du
monde !... »

Louvot brûlait du désir de célébrer bruyamment et aussi
officiellement que possible le service rendu à la France par le
capitaine Safström, très encouragé par le maire, qui déjà pendant le repas avait ruminé le discours qu'il prononcerait sur
les marches de l'Hôtel de ville ; fort heureusement le capitaine
s'en ouvrit à Adrien. Le jeune garçon lui fit comprendre sans
peine à quel point serait préjudiciable aux vaisseaux neutres
en rade de Portsmouth le moindre retentissement donné à
l'évasion de la *Rosette*, à quelles continuelles vexations ils
seraient désormais soumis. Il ne fut dès lors plus question de
célébrer par des banquets et des toasts publics ce tout petit
événement.

XXXI

LA MÈRE ET LA FILLE

Peu de jours après les parlementaires rentrèrent dans Cherbourg. On pense quel accueil attendait Raymonat à la ferme des Mielles. Adrien et Louvot se portèrent au-devant de lui dès qu'il parut sur la route. La petite *moco* trottinait entre eux deux; et Dieu sait si Louvot était fier d'avoir le premier pressenti et en quelque sorte prouvé son origine provençale.

Il fallait maintenant réunir la mère à l'enfant et tenter le miracle de rendre la raison à l'infortunée comtesse de Mireval dont le séjour dans le castelet de Saint-Gely-du-Fesc n'avait plus aucune raison d'être. Aux Mielles elle serait entourée de mille soins, et la si dévouée Josette Sijean ne languirait plus seule au milieu des sauvages garrigues. Marius accepta avec la plus vive reconnaissance l'offre généreuse de M. de La Tour.

Le congé du jeune officier était expiré; Desmeillets, sur sa demande, l'avait fait verser dans l'armée du général Hoche, qui volait de victoire en victoire, il devait rejoindre son corps dans la huitaine. M. de La Tour s'offrit de le remplacer pour ramener aux Mielles la jeune comtesse et Josette Sijean. Il partit en poste avec Adrien toujours prêt à courir voir du pays, laissant à Jean la direction de la ferme.

Six semaines après les voyageurs étaient de retour avec les deux pauvres veuves. La comtesse de Mireval, une fort belle jeune femme d'environ vingt-cinq ans, grande, élancée, avec son fin visage triste et doux, gagna dès la première journée le cœur des deux jeunes filles. Josette leur plut grandement aussi quoique la grâce de la sœur de Marius fût loin d'égaler le charme profond de Mme de Mireval, dont personne n'aurait pu soupçonner l'état d'esprit. Il est vrai qu'elle ne parlait guère, la pauvre mère. Le docteur Derqueville, un vieux praticien célèbre dans toute la basse Normandie, mis au courant des circonstances dans lesquelles avait sombré sa raison, énonça une opinion diamétralement opposée à celle qui prévalait aux Mielles pour la marche à suivre dans le traitement de la malade. M. de La Tour avait émis l'avis d'habituer peu à peu la comtesse à l'idée de voir sa fille et de la lui montrer le jour où nulle surprise de sa part n'était à redouter.

« Profonde erreur! dit le médecin, vous arriveriez tout au plus de la sorte à modifier le mal dans un autre sens, à détourner momentanément le courant qui entraîne la malade vers la folie absolue et useriez ainsi sans profit la seule ressource dont nous disposons. Il nous faut au contraire une crise violente, une maladie, une forte fièvre à soigner; il faut anéantir par le mal physique le mal moral; écraser la pensée sous la douleur, car votre jeune amie est une simple mono-

LE LIEUTENANT RAYMONAT PARUT SUR LA ROUTE.

manc accidentelle. Voilà ce que préconise mon peu de science, Dieu fera le reste. Or, cette crise salutaire, l'enfant la déterminera en apparaissant brusquement à ses regards.... Reconnaîtra-t-elle sa mère? demanda-t-il à Josette.

— Depuis que Madame est ici, répondit-elle, chaque matin, pendant qu'elle dort encore, j'amène sa petite fille devant son lit et lui dis que cette dame est sa maman.

— Alors vous croyez que quand elle l'apercevra....

— La petite accourra l'embrasser et l'appellera maman.

— Nous allons bien le voir.

— Eh quoi, docteur!... fit M. de La Tour... aujourd'hui même... vous ne craignez pas?...

— Non pas aujourd'hui seulement, mais tout de suite, insista le docteur. Quant à ne rien craindre, j'ai peur de tout, au contraire; mais la nature de son mal veut que je désire uniquement ce que je crains. Où est l'enfant?

— Elle joue dans le jardin.

— Bien. Mon cher M. de La Tour, allez immédiatement offrir votre bras à la malade et promenez-la dans les allées... vous avez peur, avouez-le.

— Non, docteur... ma confiance en vous est absolue... j'y vais. »

XXXII

LA VOIX DU SANG

Josette tremblait de tous ses membres lorsque sa maîtresse descendit les trois marches de pierre donnant sur la grande allée du parc.

Un peu plus loin, Berthe, assise au pied d'un érable blanc, jouait auprès de Tape-à-l'Œil. Elle releva sa petite tête souriante en entendant marcher. Elle courut se cacher derrière une touffe de buis, car rien ne lui plaisait autant que de surprendre son monde, et lorsque M. de La Tour et la comtesse, précédant de quelques pas le docteur et Josette, eurent dépassé l'abri qu'elle avait choisi, tout doucement elle sortit, s'avança sur leurs pas, et étendant ses petits bras, les étreignit tous deux avec de joyeux éclats de rire.

Madame de Mireval se retourna.

« Bonjour, maman, cria Berthe. Bonjour.... »

La mère, les yeux hagards, démesurément ouverts, la
regarda un instant avec une effrayante fixité, puis un cri
rauque terrible sortit de sa poitrine.

« Ma fille.... Berthe.... Berthe.... Ah! mon Dieu... mon
Dieu!... »

Un sang plus vif afflua à ses joues, elle se pencha vers la
fillette interdite, bien épeurée, la saisit dans ses bras, la cou-
vrit de caresses, et courut vers la maison avec son précieux
fardeau.

Le docteur et M. de La Tour ne tardèrent pas à la rejoindre,
suivis de Josette.

La mère s'était laissé tomber sur une bergère, tenant toujours sa fille étroitement serrée sur sa poitrine.

Josette alla s'asseoir auprès d'elle.

Muette, les prunelles étrangement dilatées, la comtesse ne
paraissait rien voir et rien entendre. Le docteur lui fit respi-
rer un peu d'éther. Presque aussitôt, elle entr'ouvrit les lèvres
comme pour parler, mais des sanglots convulsifs sortirent seuls
de sa poitrine. Une violente crise de nerfs suivit.

Josette en profita pour enlever Berthe qui pleurait.

« Maintenant, dit le docteur après avoir tâté le pouls de la
malade, le plus fort est fait. Elle a reconnu sa fille, peut-être
n'aurons-nous même pas de fièvre, car le sang circule bien. »

Il ordonna une potion calmante, un brise-nerf, comme il
disait, et attendit le retour de Jean, parti sur Télémaque chercher le médicament, pour juger de l'effet du remède.

Josette, aidée de Mme Lévesque, mit sa maîtresse au lit.

« Allons, allons, tout va au mieux, déclara le docteur lorsqu'il vit sa malade reposant d'un sommeil calme. Nous n'avons
qu'à attendre et à surveiller. Faites apporter le berceau de la
fillette, et qu'elle ne bouge de la chambre sous aucun pré-

texte ; sa mère doit l'avoir toujours présente, surtout à son premier réveil. Cette vue dissipera ses anciennes pensées. »

Les pronostics du savant praticien se réalisèrent plus rapidement même qu'il n'avait osé l'espérer, car huit jours après

ELLE TENAIT SA FILLE ÉTROITEMENT SERRÉE SUR SA POITRINE.

cette émouvante reconnaissance, la comtesse, assise sur la terrasse auprès de cette petite table où, quelques mois auparavant, Adrien piochait ferme son anglais, pouvait écouter sans le moindre danger le récit détaillé de la trouvaille de sa fille dans la forêt de Fontainebleau. Elle n'avait gardé que le plus confus souvenir des événements qui s'étaient passés depuis le jour où la mort de l'enfant lui avait été annoncée. Cependant elle se rappelait assez exactement son séjour à Saint-Gely-du-

Fesc, le long voyage en chaise de poste et son arrivée aux Mielles.

Adrien était devenu son compagnon de tous les instants, elle l'aimait comme un frère. N'était-ce pas à sa jeune sagesse qu'elle devait de pouvoir embrasser sa fille chérie?

Cette histoire, où l'imprévu joua un si grand rôle, pourrait sans inconvénient s'arrêter ici, car la *Rosette*, plus jamais, ne courut sus à l'Anglais; sa belliqueuse carrière fut courte; qu'importe! la gloire se mesure à l'éclat qui l'auréole, et non au plus ou moins de temps qu'elle dépensa. Mais nous croirions notre récit incomplet si nous n'ajoutions encore quelques lignes touchant les personnages y ayant figuré. Le lecteur ne veut pas en être réduit à des suppositions. Que devint Adrien, quel fut le sort de Jean, et Louvot, et Lévesque, et le petit garçon, le fils du capitaine Atchinson capturé à bord de l'*Orion*, et l'honnête Safström et tant d'autres encore?

Allons tout d'abord à celui-ci et au jeune Wilkins Atchinson. Si vous aviez pu le voir embrasser tendrement son ami Jean de La Tour au moment de monter à bord du *Sund* qui devait le rapatrier, après une courte escale à Stockholm, vous auriez gardé la certitude que d'affectueuses lettres signées Wilkins viendraient de temps à autre témoigner à ses ennemis de France le doux souvenir que son cœur avait gardé de son séjour aux Mielles.

Louvot s'apprêtait à retourner à Granville avec la *Marie-Jeanne* injustement oubliée au bassin de carénage, mais il comptait sans M. de Loré. En son absence, le commandant de la *Victorieuse* avait, on le sait, dressé un rapport tellement élogieux de ses derniers services, que le ministre de la marine avait envoyé comme réponse à l'expéditeur la nomination du capitaine au long cours au grade de capitaine dans la marine de l'État. Le commodore n'y voulait pas croire, mais comme le brave Sendib le lui affirma et que le capitaine Lévesque, tout récemment galonné d'or officiel, corrobora le dire du pasteur de fauves, il fallut bien se rendre à l'évidence et rester à Cherbourg.

La France, dont la flotte était encore bien faible en 1794, armait sans relâche les meilleurs bâtiments de commerce. Les deux nouveaux capitaines furent détachés à l'armement, et leur zèle, autant que leur expérience, justifia la confiance de Jean Bon Saint-André, le rénovateur de notre marine militaire.

Jean fut attaché avec son grade à l'état-major de la *Victorieuse* et apprit auprès de M. de Loré tout ce qu'un marin doit savoir.

Après le 9 thermidor, un peu plus de calme était revenu. Il ne surgit donc pas trop de difficultés pour que la citoyenne Berthe Mireval rentrât dans son héritage sous séquestre, ni trop de temps non plus, car au mois d'octobre 1795, soit dix-huit mois après, le chef d'escadron Marius Raymonal, qui guerroyait en Hollande, annonça cette heureuse nouvelle à Mme de Mireval. Le jeune maréchal des logis Adrien Viraux, servant dans le même escadron, envoyait par la même missive deux baisers à sa fille, et une grosse caresse à Tape-à-l'Œil.

XXXIII

LES MATELOTS DE LA « ROSETTE ».

Il nous faut maintenant franchir d'un saut quelques années et retourner à Portsmouth.

Le canon tonne, depuis le lever du soleil les salves se succèdent sans interruption, la ville est partout pavoisée, et la brise agite joyeusement les innombrables pavillons, drapeaux et oriflammes sous lesquels se presse la foule qui salue, par des hourras répétés, l'union des armes anglaises et des trois couleurs de France.

« Cette fois la paix est bien signée, miss Arabella, dit une grosse vieille dame, accoudée à l'appui de la fenêtre de son parloir... oh! bien certainement oui!

— Enfin!... Il était temps, chère mistress... vous avez l'air tout émue de ces réjouissances... un petit verre de porto, dites? »

Une voiture élégante s'arrête devant la porte, un non moins élégant gentleman en descend.

« Quel bonheur ! fait la grosse vieille dame, voici sir John....

— Qui vient vous chercher, mistress, si vous êtes curieuse d'assister à la sortie des pontons. Nous irons ensuite tous trois déjeuner à ma ferme, ajoute le galant sollicitor, qui vient d'entrer.

— A votre ferme?...

— Mais oui, mistress.... Stonwell m'a vendu la sienne deux mille livres, on n'en aurait pas donné cent guinées il y a dix ans; ce diable d'homme a su dessécher les marais et les transformer en magnifiques prairies... une grande intelligence, mistress... très grande !

— Et vous êtes bon juge, certainement, sir John, oh ! bien certainement.

— Chère mistress, sans la providentielle restitution que vous savez, mon intelligence, en admettant que j'en aie, ne m'aurait pas servi à grand'chose, que voulez-vous !...

— Bel habit vaut mieux que bon esprit, comme disait mistress Knoll au major de la milice qui saluait jusqu'à terre cet imbécile de Murray qui a eu la chance de naître après son père... et l'honnête Spies avait bien raison : bruit d'or ouvre toutes grandes les oreilles, et comme me le répétait hier encore....

— Hâtez-vous, mistress, hâtez-vous !

— Vive l'Angleterre ! Vive la France ! » Ce double cri s'échappe de toutes les poitrines, on le crie dans la rue, on le crie des fenêtres, on le crie sur les toits. Soudain la foule se rue vers l'autre bout d'Elisabeth street : « *Les parlementaires... les Français... les voici.... Vive la France!...* »

Musique en tête, l'état-major de l'amirauté se porte à la rencontre des officiers français et s'arrête juste devant la banque Davis and Co.

Le groupe des Français, suivi par la foule qui ne cesse de les acclamer, s'avance et salue militairement. Un commodore anglais s'approche la main tendue vers le commandant de vaisseau français, marchant en tête du cortège.

« Certainement, miss Arabella... oh ! bien certainement, je me trompe... il est impossible que le commodore... on jurerait... oui, on jurerait que c'est lui.... »

Les deux marins, hier ennemis encore, s'embrassent à plusieurs reprises... tous les officiers se donnent l'accolade.

L'enthousiasme de la foule tient du délire, et comme l'état-major français va se mettre en marche vers les pontons, cent bras soulèvent les deux plus vieux officiers et les portent en triomphe.

« Ouvre l'œil, Lévesque....

— As pas peur, Louvot... drôle d'idée de vous bourlinguer à bout de bras. »

Les panaches disparaissent bientôt devant la foule refermée. Mistress met si grande hâte à s'habiller, qu'elle ne parvient pas à trouver rien de ce qu'elle cherche ; un secours inespéré lui arrive à point.

« Ah ! je ne serai jamais prête pour le départ, Ketty... cela ne vous fâche pas, mistress Stonwell, que je vous appelle Ketty ?

— Oh ! mistress, pour vous je resterai toujours Ketty. Voilà qu'on heurte à la porte, mistress, dois-je aller ouvrir ?...

— Allez, allez, ma Ketty, j'arriverai bien toute seule... je suis si agitée... lui... certainement... oh ! bien certainement !... Darling ! » Oh ! de quelle voix émue elle le prononce ce darling, évocateur de souvenirs lointains !

« Un bel officier français, mistress, qui demande à vous

voir, dit Ketty en remontant, je l'ai fait entrer dans le parloir avec sa jeune dame. »

Mistress a enfin achevé sa toilette.

« Un officier français!... Mais c'est que je n'ai plus une seule chambre à louer, Ketty, depuis que le colonel Archer a repris la sienne. »

Bien vite elle descend, vraiment extraordinaire dans ses atours.

« Mistress, dit l'officier en la saluant profondément, faisant partie de la mission française, j'ai cru devoir venir vous présenter mes respects et vous apporter les hommages de mon cher grand-père. »

Mistress cherche vainement un quelconque grand-père dans sa mémoire... cependant cette voix... ces traits....

« Mon grand-père... Sendib, mistress.

— Vous êtes le petit-fils de Sendid, le berger de tigres... pas possible!... oh! bien certainement... Sendib... cet enfant!... Après ça... je sais bien qu'il avait quarante-sept ans... à cette époque... 1793... 1802.... Neuf ans!... déjà... déjà neuf ans !

— Mon grand-père, madame... permettez-moi de vous présenter ma femme, Mme Rose Viraux.... Mon grand-père m'a chargé également de le rappeler au bon souvenir de sir John Turgis.

— Le plus riche sollicitor du Hampshire, monsieur le...? fait, hésitante, mistress Kirby.

— Commandant, mistress. Le petit-fils de Sendib est chef d'escadron au 4ᵉ chasseurs, il envoie son souvenir à miss Arabella Armitage.

— Notre première harpiste, commandant; actuellement elle dirige un bar tout au bout d'Elisabeth street... la harpe

s'en va, commandant, bien certainement, elle s'en va!...
Miss est sans doute partie en avant avec sir John... il est vrai
que je n'en finissais pas de me vêtir....

— Et de ne l'oublier, ni auprès du lieutenant Georges
Archer....

SIR JOHN AVAIT TROUVÉ PLACE ENTRE LES DEUX BRAVES.

— Vous voulez dire du colonel... le premier colonel du
Royaume-Uni, commandant?

— Ni auprès du révérend Thomas Rudge....

— Mon mari... il doit dormir là-haut, je l'ai toujours
connu sommeillant. Votre cher grand-père s'en souvient bien
certainement; le premier prédicateur du Hampshire, commandant... malheureusement ce terrible sommeil le gagne même
en parlant, si bien que par respect... oh! bien certainement
par respect!... son auditoire fait comme lui. Car, comme disait

mistress Simpson au petit bossu de Southsea qui sonnait la cloche pour ne pas entendre le grillon : « On ne met pas la « glace au four pour la rafraîchir. » Justement, voici le colonel qui passe... pstt!... pstt!... colonel.... Un ami... le fils, le petit-fils d'un ami, colonel, le descendant de Sendib. ».

Le colonel regarde le rejeton du pasteur de fauves entre les deux yeux, et part d'un éclat de rire, puis lui tend la main et prend la sienne qu'il serre avec effusion.

« Et le commodore? mon cher camarade.

— Le commodore a pris du service en France et commande l'*Indomptable* en rade auprès de la *Guerre*, commandant Lévesque.

— Je ne me trompais pas, soupire mistress Thomas Rudge en s'affaissant dans un fauteuil... lui!... Darling... Darling!....

— Ma femme, colonel, la sœur de mon meilleur ami, le capitaine Jean de La Tour, de la frégate la *Guerre*.

— Vous pouvez vous vanter, commandant Sendib, de m'avoir fameusement intrigué... je me doutais bien de quelque coup d'audace... mais tout cela était si obscur dans ma pauvre tête.... La cave du cottage m'a fait tout comprendre.... Ah! cette cave... mistress Kirby, je veux dire mistress Rudge, voudrait bien ne pas mourir sans savoir.... »

Ketty essaye tous les moyens de faire revenir à elle la sensible mistress, mais son attention est tellement distraite par la voix du descendant du berger de lions, qu'elle en verse l'acide de ses sels sur le triple menton de la défaillante Rudge. Le hasard d'une maladresse remet sur pied l'Ariane de Blue Friars.

L'équipage de sir John de nouveau stationne devant la porte, miss Armitage ayant trouvé à se caser juste en face de la *Captivité*, tout près d'un bar renommé pour son xérès, sir John en a profité pour venir quérir son ancienne hôtesse. Tout le monde s'empile dans la voiture et vogue vers Portchester; l'infâme prison cache ses murs de suie sous des drapeaux français entre-croisés sur le lion britannique.

Entre les pontons, un svelte petit lougre se balance gracieux, sur ses ancres, il a hissé le pavillon de France, on l'acclame; à son arrière se déploie un pavillon blanc sur lequel on distingue : LA ROSETTE.

« Hip!... hip!... hourra pour la *Rosette*! la *Rosette*, l'amie des Anglais, maintenant.

— Vous voyez bien que j'avais raison, mon père, dit un jeune midshipman à son vieux compagnon. M. de La Tour doit être à bord, ou Jean, j'en jurerais.... Sortons de cette foule.

— Probable, Wilkins, en ce cas je veux les remercier.... Ho... hé... du canot! »

Un batelier s'avance et les deux hommes sont bientôt à bord du lougre.

La foule sur les quais est tellement épaisse, qu'en tombant, une épingle se piquerait sur une tête. Le soleil s'est mis tardivement de la partie pour compléter le décor. La brise agite les pavillons que le soleil fait flamber comme des gerbes de fleurs.

« Silence... silence... bas les chapeaux!... »

Au tumulte de tout à l'heure succède une paix profonde. Pas une tête qui ne soit découverte.

Le commandant de la *Captivité* est monté sur une estrade hâtivement dressée. Il se découvre, étend la main, il va parler... il parle!...

« Hourra pour la France; hourra pour la vieille Angleterre!...

« Marins et soldats français, dit-il d'une voix sonore, j'ai la joie de vous annoncer une bonne nouvelle, la meilleure que vous puissiez apprendre : la paix, l'heureuse paix tant de fois espérée, vient enfin d'être signée entre la France et l'Angleterre, et demain vous pourrez tous revoir votre terre natale.... Hourra pour la France, hourra pour la vieille Angleterre!

— Vive la France! » répondent les prisonniers.

Le commandant français monte sur l'estrade à son tour.

« Vive la France! vive l'Angleterre!

« Marins et soldats, j'ai vécu de longs jours, mais le plus heureux de tous ceux que j'aie vécu est celui-ci, foi de matelot! puisque c'est celui où je puis vous dire : Camarades, vous êtes libres! A partir de ce soir, vous tirerez votre bordée; si on vous embrasse, ne mordez pas, le gouvernement vous le recommande. Entendu, n'est-ce pas? Faut que j'aille en dire autant aux autres camarades. Bonjour. Vive la France! vive....

— Vive la France! crient une dernière fois les captifs en se précipitant chacun vers son hamac pour faire son sac.

— Hein! Marius, ils n'en ont pas dit long, nos vieux braves, mais ils ont ému mon cœur de soldat. »

Marius essuyait une larme au coin de ses yeux.

Le même soir un grand dîner offert par le commandant Lévesque, de la *Guerre*, le plus vieux en grade, réunissait tous les officiers de l'*Indomptable* à côté de son état-major. Plusieurs notabilités de Portsmouth avaient été invitées à ces agapes internationales. A la droite du commandant, Mme la colonelle Raymonat, née Élisa de La Tour, à sa gauche, la commandante Viraux, sa sœur, en face de lui M. de La Tour qui ne pouvait se lasser d'admirer son Élisa un peu chagrine de se voir si loin de Marius, et sa charmante Rosette qui ne quittait pas des yeux son mari fort occupé de mistress Thomas Rudge, passée notabilité en souvenir des jours anciens. Pour la même raison miss Arabella avait été invitée et placée non loin du colonel Archer, voisin direct de Mme Viraux, qui, peu à peu cessa de s'occuper de son mari pour s'égayer grandement au récit des aventures de Sendib fort spirituellement contées par le plus agréable colonel du Hampshire.

Sir John, les dames ne se trouvant pas en nombre suffisant, avait trouvé place entre deux vieux braves, officiers de l'*Indomptable*, le capitaine d'armes et le premier officier de timonerie.

— Pour lors, mylord... j'étais donc tout nu, comme je vous dis.... — C'est du champagne, ça?... Amenez-moi donc la bouteille; — v'là que je passe devant une cambuse où le père, la mère et les enfants mangeaient la soupe. — Va t'coucher, Tape-à-l'Œil... c'est le chien de la Rosette, mylord... il est toujours de tout, c'te bête. — Bon, que j'me dis; quoique je sois pas en tenue, j'vas tout de même entrer.... — A la tienne Badier... v'là un gâteau, Tape-à-l'Œil, mais laisse causer le monde.

— A la tienne, Liais.

— J'entre... ah! c'tableau... les v'là qui s'ensauvent en poussant des grands cris; j'reste baba. Mais la bonne femme avait, dans sa peur, comme de juste, oublié sa mante. J'me la colle sur la peau et j'tire ma bordée.... Pensez!... mylord... — Verse donc à boire, Badier.... — Pensez... tout nu avec un manteau!... j'étais frit, sûr que j'l'étais. Mais on a sa chance, pas?... J'entends derrière moi rouler une voiture et je m'dis : Bon Dieu de bon Dieu!... si ça pouvait être un chrétien.... — Elle est donc bouchée, Badier, la bouteille?

— Non, mais t'as un trou plus large que son goulot.

— Eh bien, mylord, c'en était un de chrétien. Il m'arrive dans son berlingot, j'y dis : « Où qu'vous allez? — Là-bas, « où qu'il y a des lampions aux lucarnes, qui m'dit. — Bon « qu'j'fais, chez l'commodore... y m'connaît. » On débarque, l'commodore... l'vieux là-bas... près d'c'lui qui régale... vous voyez pas?... l'commandant de l'*Indomptable*; donc l'commodore m'introduit dans un'cave qu'il avait faite avec un moussaillon... c'commandant de dragons à bâbord, qui cause avec c'te vieille oie grasse... pas vot' dame, au moins mylord?... et j'ai même pas l'temps de dire merci à mon fils.... Faut vous dire qu'l'homme à la voiture avait gueulé en entrant dans la cambuse au commodore : « V'là ma mère!... » Alors, savez pas c'que j'ai fait? J'y a collé sous enveloppe un .chiffon de papier sur une banque; l'colonel de là-bas... vous voyez l'blond... à tribord... faut croire (quoiqu'on doive pas s'vanter) qu'il avait l'estime de ma peau, en a fourré quat'fois autant dans le pli, à c'qui paraît!... et mon bonhomme a reçu le lendemain deux cents livres sterling, comme vous dites dans votre patois, sans vous offenser.... Ben !... quoi?... v'là qu'vous pleurez.... Bon sang de bon sang!... moi qui voulais vous faire rire....

— Oui, madame la comtesse, oui, disait Badier à Mme de Mireval, qui avait tenu à se placer entre les deux matelots, croyez-vous pas qu'ils m'avaient enterré ces cochons-là, moi le quartier-maître de l'équipage de la *Rosette*....

Pas vrai, Dennery?

TABLE DES MATIÈRES

40550. — Imprimerie LAHURE, rue de Fleurus, 9, à Paris.